KB018502

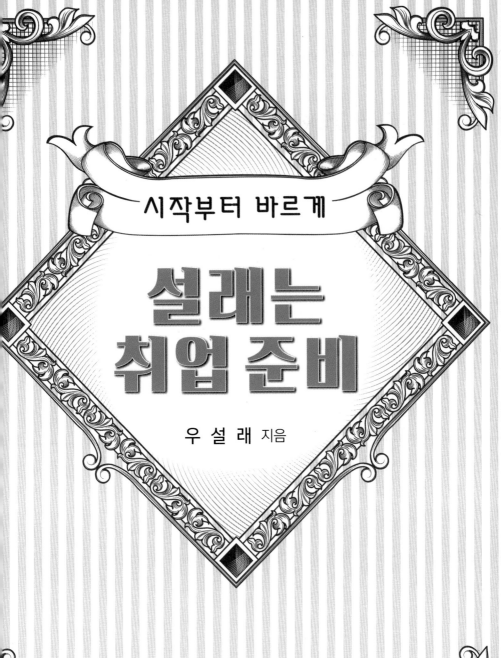

시작부터 바르게

설래는
취업 준비

우 설 래 지음

대경북스

시작부터 바르게

설래는 취업 준비

1판 1쇄 인쇄 2022년 12월 8일
1판 1쇄 발행 2022년 12월 12일

지은이 우설래

발행인 김영대
펴낸 곳 대경북스
등록번호 제 1-1003호
주소 서울시 강동구 천중로42길 45(길동 379-15) 2F
전화 (02)485-1988, 485-2586~87
팩스 (02)485-1488
홈페이지 http://www.dkbooks.co.kr
e-mail dkbooks@chol.com

ISBN 978-89-5676-937-0 13320

프/롤/로/그

저는 초등학교 때부터 경주시 대표 육상선수로 뽑혔고, 피아노·미술·글쓰기 대회 우수상, 학력평가 우수상 등 40여 개의 상장이 집 안 가득 액자에 넣어져 걸려 있었습니다. 그렇게 제가 제법 잘난 사람이라고 생각하고 살았습니다. 물론 취업도 잘할 거라고 생각했습니다. 하지만 현실은 그렇지 않았습니다.

저는 무역학을 전공했고, 경영학을 부전공했습니다. 심지어 동아리 활동으로 경제 독서 토론회에 들어갔습니다. 상경계열에 특화되어 있었습니다. 그래서 상경계열의 직무라면 무엇이든 잘할 수 있다는 생각을 했습니다.

취업 준비를 어떻게 해야하는지도 모르면서 무작정 지원했습니다. 영업관리, 마케팅 등 상경계열 출신자로서 지원해 볼 수 있는 직무는 대부분 지원했습니다. 결과요? 당연히 서류 통과는 물론이고, 면접 기회는 단 한 번도 주어지지 않았습니다.

이때가 2007년입니다. 그로부터 11년 후, 저는 한 대학교에서 진로/취업 컨설턴트를 하게 되었습니다. 그런데 깜짝 놀랐습니다.

시간이 이만큼 흘렀고 정보와 지원이 넘쳐나는 데도 불구하고 아직 상담실이 있는지조차 모르는 학생이 많았습니다. 뿐만 아니라 제가 만나 본 학생들은 제가 11년 전 그러했던 것처럼 취업 준비를 어떻게 해야 하는지도 모르고 막연하게 힘들어하고 있었습니다.

또한 취업 컨설턴트 중에서도 자기 이해를 기반으로 직무를 추천해 주고, 그 직무에 합격하기 위해 중·장기적으로 전략을 세울 수 있도록 도와주는 분도 못 봤습니다.

저는 대학의 컨설턴트가 되기 전, 기업 고객 응대 교육팀에서 상황별 고객 응대 프로세스를 기획하고 전파하는 역할을 해왔습니다. 그래서 취업 준비에도 '그렇게 체계적인 프로세스가 있을 것이다.'라는 가정하에 '취업 준비의 시작과 끝이 무엇일까?' 고민해왔습니다. 그 결과 3,500건 정도 상담 이력이 쌓였던 2020년 10월 경 5단계 프로세스를 개발할 수 있었습니다.

1단계 자기 이해 〉 2단계 직무 조사 〉 3단계 목표 설정 〉 4단계 취업 전략 〉 5단계 실천 점검

그리고 1,000건 정도 추가적인 실험을 거쳐 비로소 7단계 프로세스를 완성시켰습니다.

1단계 자기 이해 〉 2단계 직무 조사 〉 3단계 목표 설정 〉 4단계 취업 전략 〉 5단계 실천 점검 〉 6단계 서류 작성 〉 7단계 면접 준비

가만히 보면 '에이~ 뭐야 너무 쉽잖아!' '다 알고 있는 것 아니

야?'라고 생각하실 수도 있습니다. 그러나 제가 이 책을 기획하면서 서점에서 관련 도서를 찾아 보았는데, 이렇게 쉽다고 생각되는 내용을 담고 있는 책은 비슷한 것도 없었습니다.

대학에 근무할 때 저는 소위 말하는 잘 나가는(?) 컨설턴트였습니다. 당일 상담이 어려운 것은 물론이고, 항상 상담 예약이 가득 차 있어서 학생들에게 미리 예약해야 하는 선생님으로 유명했습니다.

이제 상담받고 싶어도 예약이 가득 차 있어 상담받지 못했던 학생들에게도 저의 노하우를 공유하고 싶습니다.

취업 준비는 단순히 서류, 면접에 국한되지 않습니다. 취업 준비는 내가 살아 온 발자취와 전 생애적으로 어떻게 살고 싶은 사람인지를 고민해 볼 수 있는 좋은 기회라고 생각합니다. 진로와 취업은 뗄래야 뗄 수 없는 관계입니다. 제가 개발한 취업 준비 7단계 프로세스는 진로와 취업이 자연스럽게 이어지도록 프로그램되어 있습니다. 자기 이해를 통한 목표 설정, 자기 이해를 통한 차별화된 서류, 자기 이해를 통한 진정성 있는 면접 준비! 진로와 취업의 시작은 나 자신으로부터이니까요.

하지만 여기서 주의할 점이 있습니다. 이 책을 읽어 보면 아시겠지만 이 책은 취업을 위해 쪽집게 과외처럼 해드리지는 않습니다. 오히려 이런 분들께 추천드립니다.

● 취업 준비를 어떻게 시작해야 하는지 모르겠다고 하시는 분

- 지금 당장은 아니지만 취업 준비에 대해 미리 알고 싶으신 분
- 취업 준비를 잘하고 있는 것이 맞는지 점검해 보고 싶으신 분
- 취업은 해야겠는데 목표 설정에 어려움을 겪고 계신 분
- 직업 상담 자격은 취득했는데 실무가 궁금하신 분
- 자신의 특장점이 잘 드러나는 차별화된 서류, 면접 준비가 궁금하신 분 등

부탁이 있다면, 이 책은 한 번 보고 그냥 덮어버리지 않기를 바랍니다. 단계별로 실천해 보고, 그 다음 단계를 위해 또 펼쳐 보고, 또 펼쳐 보아야 합니다. 저는 이 책이 여러분에게 좋은 길잡이가 되어 주기를 기대합니다.

우리나라 진로/취업 교육이 최근 들어 많이 발전한 것은 맞지만 아직도 초·중·고등학생을 대상으로 진로 컨설팅을 해 보면 학교에서 받은 진로 상담의 양과 질에 대해 불만을 호소하는 학생을 많이 봤습니다.

그런 생각을 해봤습니다. 초·중·고등학교때부터 양질의 진로 상담이 이루어진다면 전공과 직업 선택에 도움을 받을 수 있어서 취업 때문에 불행하다고 생각하는 청년들의 숫자가 좀 줄어들지 않을까.

제가 만난 학생들의 약 70%가 자신의 전공에 만족하지 못한다고 합니다. 심지어 자신이 지원한 학과에서 어떤 것을 배우고 어떤

직업을 가질 수 있는지 충분히 검토하지 않고 대학 생활을 하고 있습니다.

그로 인해 재수능, 전과, 편입 등에 불필요한 사회적 비용과 에너지가 소모되는 것이 안타까웠습니다. 그럼에도 불구하고 저와 상담한 후 자신에게 알맞은 학과로 전과하고 편입해서 행복한 삶을 이야기하는 학생들을 보면 그렇게 뿌듯할 수가 없습니다.

제 삶의 가치 1순위는 '기여'입니다. 제게 이 '기여'라는 단어의 의미는 저의 존재 가치를 뜻합니다. 누군가에게 기여하지 못하는 삶은 제 존재 가치를 부정하게 만들 정도로 저를 힘들게 합니다.

취업 준비 프로세스 7단계가 다양한 학생들의 삶에 희망적인 영향을 주었다고 표현해 주는 분들께 감사드립니다. 그리고 물심양면으로 저의 첫 책을 응원해 주신 분들께 감사드립니다. 특히 일하는 엄마, 부인을 위해 늘 양보하고 믿고 기다려 준 남편과 아이에게 감사합니다.

한 번 사는 인생! 여러분에게 행복이란 어떤 행복을 말하는 것입니까? 저는 '나답게' 사는 것이 참 행복합니다. 여러분 또한 이 책을 통해 "나답게! 행복하게!"라는 말이 실현될 수 있길 기도합니다.

2022년 10월 어느 날

독자를 생각하며

차/례

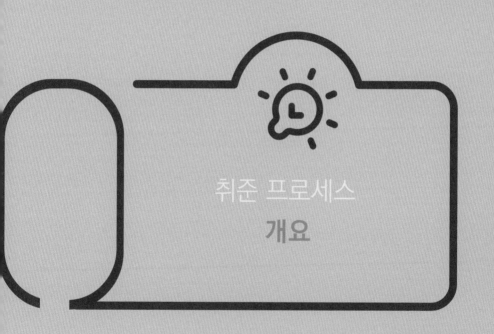

취준 프로세스
개요

introduction

이 책을 읽어야 하는 이유

취업이라는 단어를 떠올리면 어떤 것이 생각나세요? "드디어 올 것이 왔구나?" "아! 고통스럽다." "무엇부터 시작해야 하지?" "누구한테 물어보지?" "요즘은 이 직업이 대세라던데?" 등 다양한 생각이 떠오릅니다.

먼저 "드디어 올 것이 왔구나."라는 생각에 대해 생각해 봅시다. 저 또한 그러했지만 학생에서 직장인이 되어 산다는 것은 생각보다 엄청난 변화였습니다.

편하고 익숙했던 시골 고향을 떠나 차도 많고 사람도 많은 도시에서 생활했습니다. 원룸이 밀집해 있는 지역에 살면서 쓰레기를 분리하고 버리는 것, 안전에 대한 불안감, 콩나물 시루처럼 사람으로 가득 찬 지하철 생활 등 모든 것이 불안정하게 느껴졌습니다.

나를 지지하고 내 말을 들어 주던 사람들을 떠나 내가 이해시키고 "제 말을 들어주세요."라고 이야기해야 하는 환경으로 바뀌면서 눈치도 볼 줄 알고, 지혜롭고 현명하게 처신하는 방법도 배워 나갔습니다. 물론 그렇게 되기까지는 수많은 눈물과 속앓이 했던 나날들이 있었습니다.

이처럼 "드디어 올 것이 왔구나."라는 말은 단순히 취업 합격만을 이야기하는 것이 아니라는 것을 지금에서야 깨달았습니다.

"아! 고통스럽다." 고통스럽다고 생각할 수 있습니다. 왜냐하면 우리는 매일 언론 매체와 주변 지인들의 이야기 등을 통해 취업은 수능보다 더 힘든 것이라고 배웠기 때문입니다.

수능은 범위와 공부 방법에 대해 어느 정도 검증되고 참고할 자료들이 충분히 나와 있지만, 취업은 아직 미지의 세계라고 생각되기 때문입니다.

물론 국가 차원에서 다양한 교육이 제공되고, 전문가들도 활동하고 있습니다. 마음먹고 알아 보면 무료로 좋은 상담을 받을 수 있는 기회도 많습니다. 하지만 그렇다고 해서 간접 학습된 이미지와 감정이 갑자기 사라지지는 않을 듯합니다.

그러면 어떻게 하면 좋을까요? 여러분은 어떻게 대비할 생각이세요?

제 대답은 이렇습니다. 아는 만큼 보이고 아는 만큼 마음이 안정됩니다. 취업 상담도 해 보면 전략과 계획이 있는 학생들이 그렇지 못한 학생보다 훨씬 수월하게 준비하는 모습을 보입니다. 당연한 것이지요.

그럼 "무엇부터 어떻게 준비해야 할까요?" 취업 준비의 시작은 무엇이라고 생각합니까? 너무 뻔하다고 생각할지 모르겠지만 저는 '자기 이해'라고 생각합니다.

여기서 '자기 이해'란 자신의 성향, 흥미, 적성, 삶의 가치, 직업적 가치, 경험 속 강점, 주어진 환경 등 종합적으로 자신을 분석해 보아야 한다는 뜻입니다.

안타깝게도 상담을 해 보면 다음과 같은 학생들이 있습니다.

"선생님, 저는 저를 잘 모르겠어요."

"저는 좋아하거나 잘하는 것이 없어요."

"저같은 사람도 취업을 할 수 있을까요?"

하지만 "저는 저를 잘 알아요."라고 상담을 시작했다가 저와 자기 이해 상담을 끝낸 후에는 "죄송해요. 제가 저를 잘 몰랐네요."라고 말하는 학생도 많았습니다.

제가 개발한 7단계를 그대로 따라하다 보면 여러분은 비교적 쉽게 취업을 준비할 수 있을 것입니다.

"취업 준비에 대해 누구한테 물어보고 계세요?" 라고 물어보면

"인터넷 검색이요. 취업포털이나 유튜브요!"

"주변 지인이나 학과 현직 선배들이요."

"학교 취업 상담 선생님이요."

등 다양한 대답을 듣게 됩니다.

다들 잘하고 계신 거예요. 취업 준비를 할 때 한 사람, 한 곳, 한 사이트에서만 정보를 얻어서는 안 되겠지요. 다양한 정보 채널을 두는 것은 중요합니다.

하지만 가장 효과적인 채널이 무엇인지는 뒤에서 제가 설명드리려고 해요. 취업 준비의 시작은 무엇이고 어떤 단계들을 거쳐야 좋고, 어떤 사이트들이 유용한지 등 알려 드리려고 합니다. 이 책 한 권을 마르고 닳도록 보시고 사라 없어질 정도로 활용하시길 바랍니다.

이 책의 내용 중 취업 준비 7단계가 여러분의 머릿 속에 각인되어 있어야 제가 아닌 다른 취업 컨설턴트 선생님을 만나더라도 '이 선생님이 지금 어떤 것을 말하고 있구나. 취업에 대해 어느 정도 전문가구나. 이런 부분은 내가 좀 부탁드려야겠다.'라는 것을 알 수 있습니다.

그러면 '이 선생님이 상담을 잘하는 분이 맞나? 내가 잘 찾아 온 것이 맞나?' 가늠해 볼 수 있습니다. 그리고 원하는 부분을 상담해 줄 수 있는지 제안해 볼 수도 있습니다.

"선생님, 요즘 이 직업이 대세라는데 저도 이거 한 번 준비해 보려구요."

"네. 준비해 볼 수 있습니다. 그런데 자기 이해도 없이 준비하다가 시간, 비용, 에너지가 생각보다 많이 소모되었을 때는 어떻게 하실 건가요? 플랜 B가 있나요?"

상담을 하다 보면 이런 말을 많이 하게 됩니다. '아직도 우리 사회가 이 정도인가?'하는 생각도 듭니다. 그렇게 자기 이해 없이 막상 뛰어들었다가 후회하는 학생들을 너무 많이 봐왔습니다.

유행 자체가 나쁜 것은 아니지요. 다만 '그 유행하는 패션이, 직업이 나에게 맞는가?'가 문제의 핵심입니다. 유행하는 패션이라고 해서 입었는데 자신에게 어울리지 않아 못입게 되는 일, 유행이라고 따라하다가 추한 추억으로 남는 일도 얼마나 많습니까?

무언가를 시도하는 것은 좋습니다만, 취업을 한다는 것은 특히 첫 직장은 패션의 유행과는 다르게 접근해야 한다고 생각합니다.

미술을 전공해 온 OO이가 요즘 IT가 대세라고 하니 UI/UX 디자이너가 되고자 기초 교육을 이수했습니다. 너무 재능이 없다고 느꼈음에도 지인들의 권유 때문에 고민하고 있습니다. 과연 이것이 우리의 사례가 되지 않을 것이라고 누가 말할 수 있겠습니까?

취업이란 국어사전에도 나와 있는 것처럼 일정한 직업을 잡아 직장에 나가는 것을 말합니다. 일정한 직업을 잡기 위해 우리는 어떤 준비를 해야 할까요? 기본적으로 그 직업을 잡기 위한 기본 요건들(직업에 관련된 지식, 스킬, 태도, 자격증 등)이 있을 것입니다. 2021년 6월 뉴스를 보면 기본 요건들을 충족하여 힘들게 취업했음에도 불구하고, 신입 사

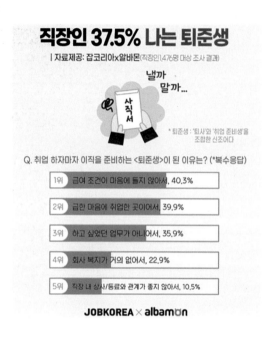

원 10명 중 3명은 1년 이내 퇴사, 그것도 평균 5개월 이내라고 합니다. 취업 준비를 위해 적어도 2년 가까이 노력해 온 사람들에게 무슨 일이 있었던 걸까요?

그동안 우리는 취업을 위해 특정 틀 안에 자신을 맞추어 넣으려는 노력을 해왔습니다. 또한 그것이 정답이라고 생각하도록 학습받았습니다.

하지만 여러분! 이상하지 않나요? 한 사람의 인간이 직업을 잡기 위해 기본 요건들만 충족하면 되는 걸까요? 자신의 인생인데 자기 자신에 대한 이해와 좋고 싫음의 표현들은 어디로 갔을까요? 우리는 로봇이 아닙니다. 그런데 왜 다들 자기답게 살기보다 로봇처럼 살기 위한 방법에만 관심을 가집니까?

자기가 좋아하는 일을 선택하면 돈을 못 번다!? 시간과 노력을 투자하면 무엇이든 할 수 있다. 내가 관심 없었던 직업이라도 시대 흐름에 따라 가는 것이 맞다!

정말 그렇다고 생각하십니까?

취업 준비 프로세스의 탄생 배경

졸업과 동시에 취업을 한다면 얼마나 좋을까요? 하지만 저는 그렇게 하지 못했습니다. 당시 친했던 친구들은 저를 제외하고 대부분 취업을 했습니다. 저는 무역학을 전공했고 경영학을 부전공한 학생이었는데, 중국인 유학생 친구와 한중 합자회사를 세우고자 했습니다. 그래서 대학 생활 중에도 틈틈이 중국에 사업 아이템을 찾으러 돌아다니고는 했습니다.

그런데 중간에 일이 잘못되면서 그 꿈은 물거품이 되었지요. 그래도 평소 적극적이고 뭐든 잘할 자신이 있었기 때문에 상경계열 학생이 지원할 수 있는 직무나 회사는 닥치는 대로 지원했습니다. 그러면 하나는 걸릴 거라고 생각했습니다. 하지만 결과는 처참했습니다. 서류 통과는커녕 면접 기회도 단 한 번 오지 않았어요. 사실 당연한 일인데 말이죠. 회사가 바보도 아니고, 어느 회사의 인사 담당자가 그런 사람을 채용하고 싶어 하겠습니까? 지금 생각해 보면 정말 부끄럽습니다.

그렇게 몇 개월이 지났을까요? 불안해서 가만히 있을 수가 없더라고요. 누워 있다가 벌떡 일어나서는 볼펜 하나를 들고 A4 용지에 막 적기 시작했어요. 그게 자기 분석의 시작이었어요. 그렇게 저는 자기 분석을 통해 새로운 직업을 발견했어요. 이 프로세스를 만들면서 '자기 이해'를 중요시하게 된 계기가 되었죠. 내가 좋아하는 것, 잘하는 것, 싫어하는 것, 칭찬 들었던 것, 경험한 것 등 전부를 마인드 맵으로 그렸어요. 그런데 그렇게 해도 처음에는 잘 모르겠더라고요. 어떤 직업을 가져야 할지. 그래서 종이를 막 째려봤죠. 째려보다 보니까 한 가지가 자꾸 눈에 거슬렸어요. 화장품 판매 경험이었어요.

당시 저는 워킹 홀리데이를 가기 위해서 비행기 값을 모으고 있었고 화장품 판매 일을 하고 있었어요. 꽤 잘 팔았습니다. 아침에 출근해서 매장을 청소하고 재고를 정리하고 성실하게 일했습니다. 그런데 같이 일을 하던 동료들이 "너 때문에 우리가 일을 안 하는 것처럼 보이잖아!"라고 하면서 면박을 주었고, 고객들이 있을 때와 없을 때의 언행이 달랐습니다. 사장님이 있을 때와 없을 때도 마찬가지였어요. 저는 불친절하고 불성실한 동료들이 오히려 안타까워 보였습니다.

그렇게 그 종이를 보면서 당시 느낌과 생각이 떠올랐고 막연하게 '이런 사람들을 교육시키는 곳이 없을까?' 하고 떠오르는 생각을 바로 검색했습니다. '서비스 교육'이라고 키워드 검색하니 서비스 강사를 양성하는 학원이 나오더군요. 그렇게 처음으로 '서비스 강사'라는 직업을 접하게 되었습니다.

자기 분석을 통해 직업을 찾다

어렸을 때부터 다른 사람들을 돕는 일이 편하고 좋았습니다. 그 흔하다는 선생님, 공무원, 의사, 변호사 등 '사' 자가 붙은 직업을 가진 사람이 저의 가족 중에는 아무도 없었습니다. 그런 가문에서 늘 상을 타왔던 저는 집안 어른들에게 기대되는 아이였습니다. 맏이로서 어른들의 기대에 부응해야 한다는 압박감이 있었습니다. 그래서 저 또한 어른들이 말하는 좋은 직업을 가지기를 바랬습니다.

2007년경 고객 만족 서비스 교육팀은 대부분 대기업에 있었습니다. 초등학교 때부터 줄곧 반장, 전교 회장을 해 온 터라 저의 경험, 성향, 가치 등 여러 가지를 맞춰 보니 '딱이다!' 싶었습니다. 교육 강사는 결혼하고 나이 들어서도 제 평생의 직업으로 할 수 있겠다 싶었습니다.

당시 일본이 전 세계적으로 친절한 나라로 유명해서 우리나라에서 일본의 서비스 사례를 벤치마킹을 하던 때였고, 저는 '우리나라도 친절한 나라가 될 수 있도록 기여해야겠다.'고 생각했습니다. 그렇게 약 8년 정도 기업에서 강사로 일했습니다.

교육부서에서 일을 하다 보면 최신 교육을 접할 기회가 많습니다. 덕분에 2010년 현대카드에 입사하여 코칭 교육을 받을 수 있었습니다. 코칭은 제 삶과 지금 하는 일에 많은 영향을 미쳤습니다. 나중에는 LG전자를 퇴직하면서 받은 퇴직금으로 대학원을 가지 않는 대신 코칭을 공부하여 2015년에 코치 자격을 취득했습니다. '서비스 강사를 하다가 왜 갑자기 퇴사하고 코칭을 공부했지?'라고 생각할 수 있습니다.

일단 기업을 그만두게 된 이유는 육아를 위해서입니다. 그런데 본래 제가 가만히 있는 성격이 못됩니다. 자기 계발이 저의 취미지요. 그렇게 '무엇을 배우면 좋을까?' 생각하다가 코칭을 선택하게 되었습니다. 2010년에 코칭 교육을 맛본 기억이 좋았기 때문입니다.

중학교 때부터 '인간은 왜 태어났고 어떻게 살아야 되고 또 어떻게 하면 행복하게 살 수 있지?'라는 물음을 스스로에게 던져왔습니다. 그 의문을 풀기 위해서 심리 검사 교육을 받고, 철학 책에 심취하거나 종교도 가져봤어요. 결론적으로 자기 이해가 중요하다는 사실을 깨달았습니다.

'어쩌면 인간은 죽을 때까지 자신을 이해하기 위해 노력하다가

죽는 게 아닐까?'하는 생각이 들었습니다. 그 관점에서 진로와 취업을 고민하는 사람들을 보니 '자신의 인생인데 남의 인생을 살려고 노력하는 사람들이 너무 많다.'라는 것을 깨달았습니다.

'어떻게 해서든 저 사람들을 도와주고 싶다. 저 사람들도 나처럼 하고 싶은 일을 하고 나답게 행복하게 살았으면 좋겠다.'

저는 제가 하고 싶은 일 특히 가치 있다고 생각되는 일이 있으면 잘하지는 못하더라도 잘할 수 있도록 노력하는 타입입니다. 힘들어도 목표를 세우면 해내려고 최대한 노력합니다. 그런 의미에서 저는 행복한 사람입니다. 나답게 내가 하고 싶은 일을 하면서 살고 있기 때문입니다. 다른 사람도 그렇게 살 수 있도록 돕고 싶습니다.

자기 이해와 코칭이 현장에서 만나다

그렇게 2018년부터 한 대학에서 취업 컨설턴트로 일할 수 있었습니다. 원래 대학 진학할 때 심리학과나 사회복지학과로 가고 싶었는데 성적이 안 되었습니다. 하지만 교육 강사로 일하면서 꾸준히 한 방향으로 준비를 해왔고 다양한 인맥을 쌓은 덕분에 원하는 일을 할 수 있었습니다.

그렇게 인생에서 자기 이해가 중요하다는 저의 믿음과 코칭이 만났습니다.

코칭은 심리치료나 컨설팅 등과는 또 다른 매력을 가지고 있습니다.

상담은 전문 상담가에 의해 개인의 어려움, 상처, 고민 등을 치유하는 과정으로 볼 수 있습니다. 주로 현재의 어려움을 해결하기 위해 상담을 받는 내담자의 과거에서 그 문제의 원인을 찾습니다.

티칭은 정보나 지식을 소유한 교육자가 피교육자에게 일방적으로 정보나 지식을 전달합니다.

컨설팅은 해당 분야의 전문 컨설턴트에 의해 문제를 진단받고 분석받아 해결책을 제시받는 것을 말합니다. 간단히 말하면 컨설팅은 '전문가의 조언'이라고 요약할 수 있겠습니다. 코칭을 컨설팅과 헷갈리는 분들이 제일 많습니다.

멘토링은 멘토가 멘티에게 본인의 역량을 전수하고 자신의 경험, 지식을 기반으로 멘티에게 방향을 제시하면서 지도하는 과정을 말합니다.

트레이닝은 전문 트레이너에 의해 이뤄지는 '단련 과정'이라고 할 수 있습니다. 이미 주어진 명확한 목표를 달성하기 위해 특정 행위를 반복하여 강화하는 과정입니다.

코칭은 코치와 코칭을 받는 사람이 파트너를 이루어 스스로 목표를 설정하여 효과적으로 달성하고 성장할 수 있도록 지원하는 과정입니다.

제가 코칭의 매력에 빠진 이유는 바로 "스스로 목표를 설정한다."는 부분과 코칭 철학 중 하나인 "가능성을 믿는다."라는 부분 때문입니다.

보통의 취업 컨설팅은 해당 학과 선배들이 주로 취업하는 기업이나 직무를 알려 주고 합격하기 위한 서류, 면접 방법을 컨설팅해 주는 방식이 대부분이었습니다. 그래서인지 학생 개인이 가지고 있는 꿈과 가치에 대한 이해 보다는 겉으로 보여지는 전공과 스펙에 따라 빨리 취업할 수 있는 방법을 컨설팅해 주는 일이 많았습니다. 그런 상황에서 저의 코칭식 대화 방식은 학생들을 혼란스럽게 했습니다.

학생들은

"우리 학과 나오면 어떤 직업 가질 수 있어요?"

"우리 선배들은 어디 취업했어요.?" 라고 물어보는데,

저는

"너는 어떻게 살고 싶니?"

"너는 어떤 가치를 소중히 하니?"

라는 질문을 시도했으니까요.

그래서 저도 처음에는 '내가 잘하고 있는 것일까?'하고 혼란스러웠습니다.

'내가 제대로 상담하고 있는 게 맞나?'

'학생들은 정보만 원하고 온 것 같은데?'

세상 모든 직무를 알아야 할 것 같았고 부담스러웠습니다.

하지만 저는 저를 믿었습니다. 자기 이해 없는 진로/취업은 껍데기로 사는 것이라고 생각했어요. 코칭식 대화로 취업 컨설팅을 하면 일반 취업 컨설팅보다 상대적으로 결과물을 늦게 얻는다는 느낌을 받습니다. 왜냐하면 자기 이해 컨설팅만 해도 사람에 따라서 1회에서 3회 이상 긴 시간을 요할 수 있기 때문입니다.

저는 취업 컨설팅 1회차에 꼭 설명하는 것이 있습니다. 우리의 취업 컨설팅 여정이 어떤 단계를 거쳐 어떤 결과물을 얻어갈 것인지입니다. '단계별로 왜 필요하며, 몇 회 정도가 소요되고, 결과물은 어떤 것을 얻어갈 수 있을 것이다.'라고 설명합니다. 그리고 합의가 되면 컨설팅이 시작됩니다. 조금 느리더라도 제대로 방향을 잡아가고 싶은 학생들이 주로 선택하는 것 같습니다.

사실 정보는 차고 넘칩니다. 그리고 요즘 학생들은 저보다 더 좋은 정보를 잘 찾습니다. 지금도 이 생각에는 변함이 없습니다. 학생들이 마음만 먹으면 찾을 수 있는 내용을 설명하는 사람이 되고 싶지 않았습니다. 삶의 근본적인 부분, 자신에 대한 이해를 통해 삶 전반에 대해 깊이 고민하고 원하는 삶을 살 수 있도록 돕고 싶었습니다.

그리고 취업 준비에도 프로세스가 필요하다는 생각은 제가 기업에서 고객 응대 강사로 일을 했기 때문에 할 수 있었습니다. 서비스 강사를 했기 때문에 고객을 응대하는 프로세스를 발견하고 만드는 패턴에 익숙했던 것입니다. '고객을 응대하는 프로세스처럼 취업 준비에도 프로세스가 있을 것이다.'라고 생각하고 접근한 것입니다.

취업 컨설팅을 하다 보면 확실히 서류·면접 준비를 돕는 데에 집중됩니다. 하지만 저는 자기 이해를 중요시하는 컨설턴트였기에 서류·면접 준비에서도 자기 이해를 위한 코칭식 대화를 시도했습니다.

서류 준비에서는 자기 소개서 질문 항목별로 다음과 같이 자기 이해도를 높이고, 지원자만의 차별화된 키워드를 뽑으려고 노력했습니다.

"이 질문에서는 직무 역량을 쌓기 위해 어떤 노력을 했냐고 묻고 있네. OO이는 품질 관리 직무를 생각하게 된 계기가 뭐야?"

"이 직무가 어떤 점에서 OO이랑 잘 맞다고 생각해?"

"이 직무 분야에서 어떤 품질 관리자가 되고 싶어?"

면접 준비에서는 기존에 지원했던 자기 소개서를 기반으로 예상 질문을 뽑는 것은 물론이고

"OO이가 다른 지원자들과 차별화되는 점이 뭘까?"

"OO이가 다른 지원자들보다 좀 더 경쟁력 있다고 생각하는 것은?"

"이것만큼은 다른 지원자들보다 더 노력했다고 생각하는 것은?"

하지만 취업 컨설팅에서는 제가 지향하는 컨설팅에 한계를 느낄 수밖에 없었습니다. 저는 자기 이해부터 천천히 준비해서 서류, 면접으로 이끌고 싶고, 스펙을 쌓고 학습하고 성장하는 시간을 다 체계적으로 관리해 주고 싶었는데, 취업문 앞에서 급한 학생들만 상담하다 보니 제가 생각하는 컨설팅을 실현시킬 수 없었던 것입니다.

학생들은 서류·면접이 급해서 왔는데 자기 이해부터 하자고 계속 강요할 수 없었기 때문입니다.

그러다 어느 날 제가 취업부서에서 진로부서로 직무가 변경되었습니다. 이제 대놓고 제가 생각하는 프로세스를 실험해 볼 수 있겠더라고요. 취업이 급한 고학년이 아니었기 때문에 저학년을 대상으로 자기 분석 만다라트도 해 보고 마인드맵, SWOT 분석 등 이것저것 해봤습니다.

그리고는 쉬운 것부터 나열해 봤습니다. '서류 면접 그 앞에 뭐가 있어야 되지?' 또 '그 앞에는 뭐가 있어야 되지? 뭐를 준비돼야 되지?' 계속 파고 파고 질문을 하다 보니 결국 프로세스를 발견할 수 있었습니다.

그것을 토대로 실험을 해왔습니다.

"그래서 너는 누구야?"

"그걸 좋아하는 너는 어떤 사람이야?"

"너는 그걸 잘하는 사람이구나?"

"너는 이런 특징이 있구나?"

"이런 강점이 있구나!"

"너를 둘러싼 환경은 어때?"

"너가 지금 이용할 수 있는 자원은 뭐라고 생각해?"

"너는 어떤 경험을 했어? 그 속에서 뭘 보고 듣고 느꼈어?"

"언제부터 그런 생각이 들었어?"

이렇게 코칭식 대화로 학생들의 보석을 캐기 시작했습니다.

취업 준비 프로세스 7단계

저는 7이라는 숫자를 좋아합니다. 이 책을 읽으시는 분 중에도 이 숫자를 좋아하는 분들이 많으리라 생각됩니다. 7이라는 숫자를 생각하면 '럭키 세븐' '행운을 부르는 숫자' '아름다운 무지개' 등이 생각납니다.

그렇다고 해서 처음부터 숫자 7을 염두하고 취업 준비 프로세스 7단계를 개발한 것은 아닙니다. 더 쉽고 직관적으로 보이기 위해 더 줄여 보려고도 하였으나 줄이지 못했습니다. '단계가 너무 긴가?'하는 생각에 단계를 줄이려는 노력을 하다가 7단계의 각 단계가 단계마다 얼마나 중요한가를 더욱 느끼게 되었습니다.

먼저 7단계는 이렇습니다.

1단계, 자기 이해 : 자신의 성향, 흥미, 적성, 삶의 가치, 경험 속 강점 등 자신을 이해하고 알맞은 직무를 추천받을 수 있는 단계

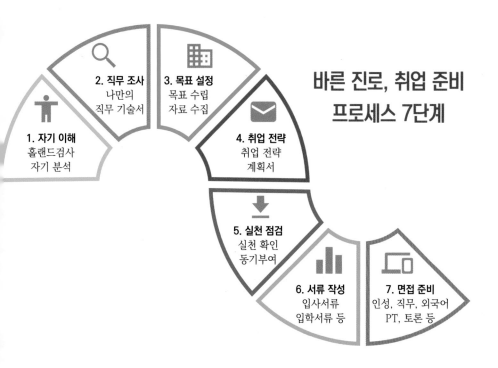

바른 진로, 취업 준비
프로세스 7단계

1. 자기 이해
홀랜드검사
자기 분석

2. 직무 조사
나만의
직무 기술서

3. 목표 설정
목표 수립
자료 수집

4. 취업 전략
취업 전략
계획서

5. 실천 점검
실천 확인
동기부여

6. 서류 작성
입사서류
입학서류 등

7. 면접 준비
인성, 직무, 외국어
PT, 토론 등

2단계, 직무 조사 : 1단계에서 추천받은 직무가 과연 무엇이고 나
에게 얼마나 잘 맞을 것인가 확신을 얻기 위해 조사하고
검증해 보는 단계

3단계, 목표 설정 : 1, 2단계를 거쳐 선정된 직무가 어떤 산업군,
어느 기업에 있는지 조사하고 목표 기업/산업 내 시장트
랜드, 기술, 채용 프로세스, 조직 문화 등 자료를 수집하
는 단계

4단계, 취업 전략 : 1, 2, 3단계를 통해 자신에게 알맞은 직무, 기

업을 알았다면 4단계에서는 드디어 시간, 비용, 에너지 등을 최소화한 나만의 스펙 쌓기 전략을 세우는 단계

5단계, 실천 점검 : 취업 준비는 하루 이틀만에 이루어지는 것이 아니기에 단기·중기·장기적으로 전략 수정이 필요하거나 원하는 진로 방향으로 잘 가고 있는지 중간 점검하는 단계

6단계, 서류 준비 : 서류 준비는 취업에만 국한된 것이 아니라 체험형 인턴, 현장 실습, 서포터즈 지원 시에도 자기 이해를 바탕으로 기술적으로 잘 작성된 서류를 준비하는 단계

7단계, 면접 준비 : 1단계부터 6단계까지 모든 단계를 거쳐 나오는 종합 결과물 '표현하기.' 면접 기본 예절 및 인성, 직무, 외국어, PT, 토론, 상황, AI면접 등에 대해 준비하는 단계

위와 같이 제가 개발한 7단계는 유기적으로 연결되어 있습니다. 진로와 취업의 연관성을 한번에 이해할 수 있습니다. 각 단계를 그대로 따라하다 보면 어느 새 취업 준비가 순조롭게 되고 있다는 것을 발견할 것입니다. 취업 준비 프로세스 7단계는 취업 준비의 기본을 이야기합니다. 기본을 모르고 심화를 논하는 것은 무리겠지요. 부디 이 7단계가 여러분의 삶에 작더라도 긍정적인 영향을 미칠 수 있기를 바랍니다.

NO	취업 준비 정도 체크리스트	체크
1	. 해 보고 싶은 직무(직업)가 있다.	☐
2	해 보고 싶은 직무의 업무 내용을 설명할 수 있다.	☐
3	해 보고 싶은 직무의 채용 공고를 스크랩 해 두었다.	☐
4	해 보고 싶은 직무의 채용 프로세스를 알고 있다.	☐
5	해 보고 싶은 직무의 자격 요건 및 우대 요건을 설명할 수 있다.	☐
6	해 보고 싶은 직무와 관련된 경험을 쌓았다.	☐
7	해 보고 싶은 직무를 위해 취업 전략을 세웠다.	☐
8	해 보고 싶은 직무를 위해 수시로 실천 점검 컨설팅을 받고 있다.	☐
9	입사 서류를 작성하고 피드백을 받아 본 적이 있다.	☐
10	면접 예절과 면접의 종류에 따른 준비를 설명할 수 있다.	☐

프로세스 1단계
자기 이해

self-understanding

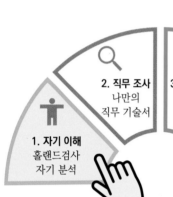

1. 자기 이해
홀랜드검사
자기 분석

2. 직무 조사
나만의
직무 기술서

3. 목표 설정
목표 수집
자료 수집

4. 취업 전략
취업 전략
계획서

5. 실천 점검
실천 확인
동기부여

6. 서류 작성
입사서류
입학서류 등

7. 면접 준비
인성, 직무, 외국어
PT, 토론 등

앞서 자기 이해가 중요하다는 이야기는 많이 했습니다. '자기 이해'를 생각하면 '나에 대해 무엇을 어느 정도로 이해하고 있어야 할까?'라는 생각부터 하게 되지만, 곧 막막해집니다.

프로세스 1단계 자기 이해란 무엇일까요?

이는 자신의 성향, 흥미, 적성, 삶의 가치, 직업적 가치, 현재 처해 있는 환경, 지금까지 살아오면서 경험한 것들 속 강점 등에 대해 알자는 것입니다. 이를 위한 방법으로 만다라트, SWOT 분석, 마인드맵 등을 주로 적용하였지만, 저는 《빨간 책》에서 제시하는 자기 분석 파일을 유용하게 사용하고 있습니다. 거기에는 꿈의 변천사, 셀프 인터뷰, 경험 정리가 있어서 지금까지 적용해 본 툴 중에서 가장 풍부한 결과물을 얻을 수 있었습니다.

컨설턴트들마다 다르겠지만 다른 컨설턴트들도 경험 정리는 대부분 추천합니다. 하지만 20대 이후 성인이 되어 활동한 것들을 정리하게 하더군요.

제 생각에 그건 너무 단편적인 것 같아서 스스로 무언가 선택할 수 있는 시기 즉, 초등학교부터 중학교, 고등학교, 대학교, 대학원 등을 거쳐 현재까지 좋아했던 과목, 잘했던 과목, 칭찬받았던 경험, 대회 나간 일, 상 받은 일, 자신이 선택해서 배운 방과 후 수업, 동아리 활동, 군 생활 중 병과, 아르바이트, 기억에 남는 여행 등과 그 외에도 의미가 있다고 생각되는 경험은 다 적어보라고 합니다. 그것을 기반으로 컨설팅 중에 코칭식 대화를 나누면 누군가는 자신감을 얻어 가기도 하고, 누군가는 자신을 알아봐줘서 감사하다며 기쁨의 눈물을 보이기도 했습니다.

꿈의 변천사에서는 꿈꿨던 또는 현재 꿈꾸고 있는 직업에 대해 언제, 왜 되고 싶었는지 작성합니다. 여기서 포인트는 해시태그를 붙이는 것입니다. 다음과 같이 '선생님'이라는 직업을 꿈꾸는 학생이라고 가정해 봅시다. 그런데 제가 의미하는 선생님과 학생이 꿈꾸고 있는 선생님은 다를 수 있습니다. 예를 들어 빨강색이라고 하면 하얀색이 가미된 빨강색과 노랑색이 가미된 빨강색이 다른 것처럼 어떤 빨강색을 의미하는 것인지 분명하게 말해야 컨설턴트와 학생이 소통될 수 있습니다. 그래서 그 직업을 생각했을 때 자신이 의미하는 바를 담아 해시태그를 붙여 보기를 권합니다.

셀프 인터뷰는 말 그대로 스스로를 인터뷰해 보는 것입니다.

이것을 해 보면 평소 자기 성찰이 잘된 학생과 그렇지 않은 학생 사이에 차이가 크게 나타납니다. 일단 평소 자기 성찰에 익숙한 학생은 이 부분을 흥미롭게 받아들이고 작성해 오며 내용이 풍부한 편입니다. 그러나 평소 자기 성찰에 익숙하지 않았던 학생은 고통스러워하며 작성을 못해 오거나 내용이 빈약한 경우가 대부분입니다. 하지만 걱정할 필요는 없습니다. 코칭식 대화가 가능한 컨설턴트는 빈 내용을 가지고 오더라도 질문을 통해 보석을 캐내니까요. 미리 작성해 보게 하는 것은 그만큼 자신에 대해 성찰하는 시간을 가져보라는 뜻입니다.

마지막으로 경험정리는 앞에서 언급했듯이 초등학교 때부터 현재까지의 경험에 대해 작성하는 것입니다. 그런데 대부분의 취업 컨설팅에서는 '이런 경험을 했네.' '이 경험은 희망 직무의 이런 역량이랑 엮을 수 있겠다.' 정도로 분석하는 경우가 많습니다.

하지만 저는 보시는 바와 같이 자기 분석 파일을 작성해 오면 기본적으로 질문하는 것이 있습니다.

"자기 분석 파일을 작성해 보니 어때?"

"무엇을 깨달았어?"

"그래서 너는 어떤 사람인 것 같아?"

이렇게 질문을 하면

"제가 어떤 사람인지 조금 더 이해하게 되었어요."

"생각 보다 작성이 어려웠어요."

"제가 어떤 사람인지 패턴을 발견하게 되었어요."

"어디까지 작성해야 하는지 감이 안 왔어요."

등 다양한 반응을 보입니다.

저는 단순히 '어떤 경험에서 어떤 키워드를 뽑을 수 있고, 어떤 사례를 쓰면 되겠다.'에서 끝나기를 바라지 않습니다. 누가 자신을 읽어 주는 것이 아니라 스스로 자신을 읽어 보는 힘도 기를 수 있도록 기회를 주고 싶기 때문입니다.

이처럼 자기 분석 파일을 통해 주관적으로 자기 이해를 하도록 했습니다. 하지만 좀더 객관적인 자기 이해의 필요성도 느꼈습니다. 자기 이해를 위해 지문 검사, MBTI, 에니어그램, 홀랜드 검사 등 다양한 검사를 시도해 봤습니다.

하지만 결국 검사라는 도구를 통해 단번에 자신을 이해하기란 힘들다는 것을 알게 되었습니다. 검사는 할 때마다 결과값이 변할 수 있기 때문입니다. 검사 결과에서 추천해 주는 직업들도 "그래서 이많은 추천 직업 중에서 나에게 알맞은 직업을 어떻게 찾으라는 거지?"라는 질문에 막혀 버립니다. 그리고 비싼 돈을 주고 멀리까지 가서 검사를 받았지만 그 효과는 미비함을 알 수 있습니다. 그렇게 특별할 것이 별로 없다면 누구나 부담없이 검사할 수 있는 워크넷 사이트 직업 선호도 검사를 실시하자고 생각했습니다. 워크넷은 국가에서 관리하는 사이트이고, 검사 비용도 무료입니다. 직업 선호도 검사는 홀랜드 기반 검사이고 전 세계적으로 활용되고 있는 믿을 만한 검사입니다. 우리나라에서 학교를 다닌 학생들이라면 한 번쯤 다 해봤을 것입니다. 하지만 문제는 검사 결과를 일대일로 자세하게 해석받아 보지 못해 좋은 검사임에도 불구하고 충분히 활용하지 못하고 있다는 점입니다.

홀랜드(Holland) 직업 적성 검사는 미국의 진로 발달 및 선택 이론을 개발한 심리학자 홀랜드 박사가 개발한 검사로, 개인의 성격과 환경 특성의 관계, 개인 내 성격 특성들 간의 관계를 6각형 모형에 근거하여 설명한 것입니다. 이 검사는 기본적으로 대부분의 사람들을 6가지 성격 유형(실재적, 탐구적, 예술적, 사회적, 진취적, 관습적) 중 한 가지로 분류할 수 있다고 보고, 그에 따른 검사 결과를 제공합니다. 학생들로 하여금 자신의 능력, 적성, 성격 등을 기반으로 진로 선택 과정에서 이해하도록 하여 자신의 특성에 알맞은 직업의 세계를 탐색하게 함으로써 스스로 의사 결정을 할 수 있도록 정보를 제공하는 데 목적이 있습니다.

이렇게 홀랜드 검사와 자기 분석 파일을 작성해 오면 이것을 기반으로 코칭 대화를 이어 나가면서 그 사람의 특징, 강점, 키워드를 정리하여 자연스럽게 그 학생에게 알맞은 직업/직무를 추천할 수 있게 되었습니다.

한 학생의 사례를 보면서 설명해 드리겠습니다.

첫 번째, 홀랜드 검사 결과를 봅니다.

직업 흥미 유형별 점수

구분	당신의 흥미코트 : ES(진취형/사회형)					
	현실형 (R)	탐구형 (I)	예술형 (A)	사회형 (S)	진취형 (E)	관습형 (C)
원점수	9	5	3	23	30	15
표준점수	45	45	41	63	74	54

※ 원점수 : 원점수는 스스로가 좋아하거나 싫어한다고 주관적으로 여기는 흥미 정도입니다.

※ 표준점수 : 표준점수는 타인과 비교하였을 때 흥미 수준을 말하며 보조적으로 활용할 수 있습니다.

흥미의 육각형 모형

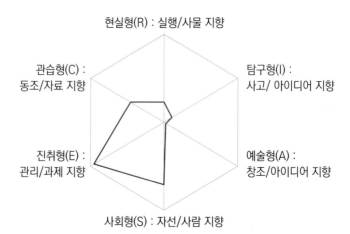

이 학생의 경우 진취형/사회형이 나왔습니다.

	GOT(General Occupational Themes)		BIS(Basic Interest Scales)
R	**현장형** Realistic	기계 및 건설 분야, 신체활동	기계/건설, 컴퓨터/전자기기, 군사 활동, 안전 서비스, 자연/농업, 운동경기
I	**탐구형** Investigative	분석 및 조사 분야, 연구활동	과학, 연구조사, 의학, 수학
A	**예술형** Artistic	문화 및 예술 분야, 창작활동	시각예술/디자인, 공연예술, 글쓰기/언론, 요리
S	**사회형** Social	교육 및 서비스 분야, 봉사활동	상담/봉사, 교육, 인적자원 개발, 사회과학, 종교/영성, 보건의료 서비스
E	**진취형** Enterprising	사업 및 정치 분야, 설득활동	마케팅/광고, 판매, 관리, 기업운영, 정치/대중연설, 법
C	**사무형** Conventional	사무 및 정보처리 분야, 관리활동	사무관리, 세무/회계, 정보시스템, 금융/투자

보시는 바와 같이 진취형은 다른 사람들을 설득하고 관리하는 일에 탁월함을 보이고, 사회형은 다른 사람들을 돕는 선한 영향력을 미치는 일을 선호합니다..

이렇게 검사로 학생의 객관적인 부분을 확인한 다음 두 번째, 자기 분석 파일 작성 내용을 살펴 보면서 코칭 대화를 나눕니다.

"자기 분석 파일을 작성해 보니 어땠어? 무엇을 느꼈니?"

"그래서 ○○이는 어떤 사람인 것 같아?"

먼저 꿈의 변천사부터 살펴보겠습니다.

자기 분석

총평 : 사람을 중심으로 직·간접적으로 영향을 미치는…. 나는 사람한테 영향을 주고 싶어하는 사람…. 예를 들어 마음을 열도록 한다거나 왜 마음에 집중했을까? 회복, 힐링하게 할 수 있는 사람이 되고파….

1. 꿈의 기록

'나의 꿈의 변화'를 기록해 보고 그 끌렸던 이유들의 공통 분모를 찾아보자.

꿈	꿈을 가졌던 시기	되고 싶었던 이유
경찰관 #소통 #따뜻한	중학생~ 고등학교 1학년	사람을 도와주고, 그 가운데 사람의 마음을 헤아려줄 수 있는 직업이라고 느꼈음. 접근성이 좋다고 생각했음.사람들에게 일이 발생되었을 때 가까이 당연하게 다가갈 수 있는 사람.
라디오 PD #따뜻한소통 #음악	고등학교 2~3학년	라디오라는 매체를 통해 내가 좋아하는 음악과 사람과의 소통할 수 있는 매력적인 창구로 느꼈던 시기였음.
마케팅 전문가 #피드백 #트렌드	대학교 1학년	대중을 사로잡고, 그에 맞춰 매출이라는 피드백으로 평가받을 수 있으며, 빠른 시장의 흐름에 동참한다는 것이 큰 의미로 느껴졌음. 왜 의미있는가? 시장을 활용할 수 있다. 사람 들이 뭘 원하는가. 아는 것이 경쟁력이라고 생각함.

꿈	꿈을 가졌던 시기	되고 싶었던 이유
유통 관련 직종 #미래유망 #흥미	대학교 2학년	문과생으로서 가장 미래가 있고 가능성 있다고 생각, 또한 전공을 살릴 수 있는 길이라고 느끼고 마케팅적인 측면도 있어서 흥미가 있을 것이라고 생각. 왜 유통인가? 전공이 무역학…. 무역 보다는 마케팅쪽 흥미…. 마케팅을 전문적으로 하기에는 … 내가 흥미 있게 생각하는 마케팅과 전공 사이에 최선책이라고 생각함…. 유통에 대해 얼마나 알고 있는가? MD 상품 기획부터 매출 발생 등 책임지는 아직 시작한 것은 없는 편…. 공통적으로 도움이 될 만한 것은 음식점 아르바이트 정도….

이 학생의 경우에는 사람들에게 영향을 주고 싶어한다는 것을 발견할 수 있습니다. 중학교 때부터 한동안 꿈꿨던 경찰에 대한 이미지는 사람들에게 어떤 일이 발생되었을 때 당연히 가까이 다가가서 도와 줄 수 있는 사람이라 좋았던 것이라고 합니다.

라디오 PD 또한 사람들과 내가 좋아하는 음악으로 소통하는 매력적인 창구라고 생각했다고 하고요.

대학교 무역학과를 입학하고서는 대중을 사로잡고 매출이라는 피드백으로 평가를 받을 수 있는 마케팅 전문가를 꿈꿨습니다. 빠른 시장의 흐름에 동참하고 싶어했고 '트렌디하다'는 말을 선호하더군요.

대학교 2학년이 되어서는 유통 관련 MD를 꿈꾸고 있었습니다. 상품 기획부터 매출 발생 등을 책임지며, 영업/마케팅 전체를 아울러 보고 싶다고 했습니다.

그러면 셀프 인터뷰를 살펴보겠습니다.

2. 인터뷰

1) 어떤 영화, 책, TV프로그램을 좋아하는가? 그 이유는?

TV프로그램 〈유퀴즈 온더 블록〉을 좋아합니다. 사람 이야기 듣는 것을 좋아하기도 하고, 각 사람의 인생의 솔직한 내면을 때론 무겁지만, 때론 가볍게 다루어 주니 사람의 이야기를 부담없이 듣기 좋아서 제가 매우 좋아합니다. 부담없이 균형 있는 상품 기획이 된다면….

2) 여가 시간에 주로 어떤 일을 하는가? 그 일이 주는 즐거움은 어떤 것인가?

주로 조용한 음악을 듣거나, 친구들 만나서 맛있는 음식을 먹으며 이야기 나눕니다.

3) 존경하는 사람은 누구인가? 그 사람의 어떤 점을 닮고 싶은가?

콕 찍어서 존경하는 사람은 없습니다. 그러나 항상 자신을 발전시킬 줄 알고(10명 중 6명 정도는 자기 발전을 꾀하지만….), 그에 따라 인정받을 줄 아는 사람((학점으로 또는 사람의 인성, 커리어 등으로 인정받는…. 성과….)이 롤모델인 것 같습니다. 그냥 사람 좋은 사람을 말하는 게 아닙니다.

4) 먹고사는 문제가 해결되어도 계속 하고 싶은 일은 무엇인가?

대중에게 영향을 끼치는 (중·고등학교 매체를 접하면서…. CJ 마마 문화를 만듭니다! 광고 메시지….) 일을 하고 싶은 것 같습니다. 추상적일 순 있지만 이 주제는 항상 변함 없었던 것 같습니다.

5) 남들은 힘들다 하는데 내게는 별로 힘들게 느껴지지 않았던 일이나 활동은 무엇인가?

6) 시간 가는 줄도 모를 만큼 몰입했던 경험은?

게임할 때가 가장 많이 몰입했던 경험인 것 같습니다. 그러나 좋은 경험은 아니었습니다. 잠깐은 즐거웠지만…. 일주일 하니까… 컴퓨터를 켜지도 않게 됩니다. 제게는 도움이 안 되는 것 같았습니다.

7) 생각만 해도 가슴이 두근거리고 행복해지는 일은?

정말 제 취향인 노래를 바로 찾으면 그 음악을 찾자마자 바로 10번 정도 들으며 그 음악을 음미하는 습관이 있습니다. 항상 그 10번의 음악을 반복할 때의 기분은 항상 새롭고 짜릿한 것 같습니다. 푹 빠져서 충분히 느낍니다.

8) 죽기 전에 하지 않으면 후회할 것 같은 일은 무엇인가?

9) 만일 당신이 지금보다 100배 용기 있다면 무엇을 할 것인가?

무작정 해외로 떠날 것 같습니다. 뒤에 어떤 일이 생길지는 모르나, 조금이라도 빨리 해외에 나가서 어려움이든 추억이든 많이 보고 배우고 싶습니다. 도전 욕구 있음. 하지만 너무 신중해서 어느새 안 할 이유를 찾고 있는 나를 발견함.

10) 100세 노인이 되었다. 손자가 "무엇이 인생에서 가장 자랑스러우셨어요?"라고 묻는다면, 어떻게 대답하고 싶은가?

'좋은 주변 사람들(내가 생각하는 좋은 사람은 편한 사람. 능력이 있는 사람)과 좋은 추억을 쌓은 것'(시간을 같이 보내는 것, 여행, 밥…. 시간이 쌓이면…. 좋음….)

좋아하는 TV 프로그램이나 여가 시간, 존경하는 사람, 계속하고 싶은 일 등 10가지 질문에 자문 자답하면서 사람을 좋아하고 자기 발전을 꾀하며 대중에게 영향을 미치고 싶어한다는 것을 발견할 수 있습니다. 그러면서 성과를 내는 것에도 관심이 많지요.

경험을 정리한 것을 살펴보겠습니다.

3. 경험 정리

언제	활동명	활동 내용	배운 느낀 점
15세	서울 여행	약 2박 3일간 살면서 처음으로 서울 여행	이때 이후로 여전히 상경에 대한 의지가 강함. 〉 고령군에 살았음. 서울 여행이 나에게 어떤 영향을 줬나? 지방과 달리 겉모습? 모든 게 서울에 있다? 커리어가 있다? 멋있어 보였음. 트렌드 가운데 있고 이끌어 가는 역할을 하는 사람들….
15~16세	난타 동아리	대구 청소년회관 공연, 삼성 라이온즈 경기 공연 등 각종 대회와 공연 참가. 약 2년간 활동, 입상 경력도 있음.	10대 때는 주목받는 것에 큰 만족을 느꼈던 것 같다. 그래서 무대에 서는 경험들이 많았음. 어떤 관심? 무대, 나를 보는 사람 호응해 주는 무대에 서려면 재능이 필요? 나는 중간? 업으로 삼을 정도는 아닌…. 적당히 취미로 즐길 수 있는….
고등학교 2학년	댄스 동아리	약 6개월간 진행. 교내 축제 공연 및 타 고등학교 찬조 공연도 진행.	무대에 서는 건 재미있는 일이다. 그러나 춤은 소질이 없다.

고등학교 2학년	다큐멘터리 제작	대구시 비산동 쪽방촌에서 약 한 달간 밀착해서 봉사 및 인터뷰 후 영상 제작. PD직업에 대한 관심으로 했음. 해 보니 이건 아니다라는 생각이 들었다.	생각보다 우리가 알지 못하는 곳에서 어려움을 겪는 분들이 많다는 걸 깨달음. 그러나 영상에 대해서는 잘 모르겠다.
20~24세	과내 학회 활동	학기 중 매주 학습 주제에 대해 알아온 내용에 대해 토론, 그리고 연 1회 조별 세미나 주제를 가지고 자료집 제작 및 발표. 기억에 남는 주제? 토론? OTT 시 학술부장으로 활동 장 분석.. 넷플릭스 웨이브 왓차.. 영상 구독시장.. 사람들이 제대로 모르는 듯.. OTT 시장에 대한 소개.. 이해.. 문제점 찾아서 솔루션 제안.. 선후배, 동기.. 50명 정도 나름 전통 있는 학술집단.. 10년 넘게 된..	간단한 활동일 수 있지만, 관련 주제를 준비해 가고 하는 과정이 도움이 되었다. 현재는 학회 학술부장으로 활동.
20세	PC방 아르바이트	매장 관리 및 주문 요리 제조. 정산 업무. 10대에서 20대 초반.. 타겟으로 할 때 그들 Z세대에 대해 이해하게 됨. 열심히 〉 일에 대한 태도?? 서빙하고 있는 모습. 결제 도와주고.. 주말에 고객 많음.. 분당 한 개 메뉴가 들어올 만큼 바쁨.. 업무량이 많았다.. 그것을 대부분 실수 없이 마쳤다.	필요할 때 지원도 나가면서 열심히 일하니 주변에서 좋게 봐 주셔서 만족했음. 그러나 당시에 낯을 가려서 같이 일하는 분들과 소통을 많이 못한 게 아쉬움.

커리어, 트랜드, 주목받는 것, 난타/댄스 동아리 활동, 학술부장 등 낯을 가린다고 했지만 상당히 활동적인 모습을 보여주었습니다.

그리고 이 자료에서는 모두 보여지지 않았지만 실제 대화를 통해 상품 MD가 되고 싶어하는 이유과 노력 등 진심이 느껴져 다음과 같이 3학년 때 〈KT 상상유니브〉라는 마케팅 관련 서포터즈 활동에 지원해 보기도 하였습니다.

MD를 꿈꾸는 학생의 인턴 자기 소개서

1. 3가지 '키워드'를 통해 본인의 경험을 소개해 주세요.

#토너먼트

라면 하나를 사는데 편의점에서 10분 이상 고민하는 사람이 얼마나 있을까요? '오늘은 매운 걸 먹고 스트레스를 풀까?' '여기 새 제품 나왔는데 먹어볼까?' 고민하고 고민한 끝에 토너먼트를 거친 후 상품을 선택합니다. 저는 소비에 누구보다 진심입니다. 특히 가심비 기반 소비가 젊은 층을 중심으로 이루어지고 있는데 저만의 인사이트를 통해 소비자들에게 좋은 상품을 소개하는 MD가 되고 싶습니다.

#벤치마킹

고등학교 시절, 재미 없는 축제로 소문이 나 있었던 교내 축제를 3배 이상의 방문객을 유치하는 데 성공한 경험이 있습니다. 성공할 수 있었던 요인은 축제로 유명한 주변 고등학교 3곳을 벤치마킹하여 홍보 전략 및 댄스 공연을 보완한 덕분이었고, 댄스팀의 부재를 보완하기 위해 직접 주말을 반납하고 친구들과 춤 연습을 해서 무대dp 올랐습니다.

#삶의 즐거움

저는 MD 직무를 준비하고 있습니다. 아버지를 위해 엄선한 향수를 선물해 드리고 유행에 민감한 동생을 위해 옷을 선물하는 등 사람의 취향을 눈여겨 보며 그에 알맞은 선물을 하는 것이 제 삶의 즐거움입니다. 지금은 4곳의 뉴스레터를 구독하며 트렌드를 읽기 위해 노력하고 있으며, 이 노력이 상상유니브와 저의 앞날에 밝은 빛이 되길 바랍니다.

2. 본인'이 생각하는 나의 장점과 '타인'이 바라보는 나의 단점을 서술하세요.

"부끄러움을 알고 노력하는 사람"

제가 생각하는 저의 장점은 목표를 향해 최선을 다하는 마음 자세라고 생각합니다. 고등학교 입학 후 전교 300명 중 약 200등이라는 성적을 받았습니다. 하지만 성적 향상을 통해 원하는 대학에 진학하기 위해서 목표를 세웠고 도서관과는 담을 쌓고 살던 제가 시험 기간이 아님에도 불구하고 도서관에 주말마다 출석하기 시작했습니다. 공부 도중에 졸려 하는 제 자신을 발견하고는 한번도 커피를 마셔본 적이 없었지만 커피를 마시고 잠을 깨가며 공부하였습니다. 덕분에 전교 300명 중 60등 대까지 진입할 수 있었고, 집중했던 사회 과목은 전교 3등을 차지하는 성과를 이루었습니다.

타인이 바라보는 저의 단점은 단기간에 일을 몰아서 처리하는 것이었습니다. 저는 마감일이 가까워졌을 때 일의 집중도가 높아지는 편입니다. 그러다 보니 여러 과제가 중복으로 처리되어야 할 때는 놓치거나 품질이 떨어지는 경우가 생겼습니다. 대학 생활 중 팀 프로젝트 시 제가 미흡했던 탓에 팀장에게 지적을 받은 일이 있었는데, 이 일을 계기로 부끄러움을 알고 캘린더 앱을 사용하여 놓치는 일이 없도록 노력하며 살고 있습니다.

3. 본인이 생각하는 대학생의 관심사를 설명하고, 이를 통해 상상프렌즈로서 기획하고 싶은(ON/OFF) 프로그램을 설명해주세요. '아이디어'

"자기 이해 기반 취업 성공 패키지 프로그램"

현재 대학생의 최대 관심사는 '취업'이라고 생각합니다. 점점 더 어렵게 느껴지는 취업 시장에서 고스펙 취업 준비생들이 넘쳐나고 대학교 1학년 때부터 대외 활동부터 자격증 등 취업 준비를 위해 관련 경험을 쌓으며 한발 더 앞서 준비하는 현실입니다. 하지만 가장 중요한 것을 빼놓고 준비하는 것 같습니다. 그것은 바로 학생들이 자신의 인생에서 중요한 진로를 결정하는 데 있어 자신에 대해서는 잘 모르면서 정량적인 스펙만 준비한다는 점입니다.

'남들이 하니까 나도 이 정도는 준비해 놔야지!' '그래도 전공했으니까 한번 살펴 봐야지.' '제4차 산업혁명 시대에 이 산업이, 이 직무가 비젼이 있다고 하니까 나도 해봐야지.' 정작 자신의 삶에 자신은 어디에 있는 걸까요? 그래서 저는 상상프렌즈로서 제가 경험한 자기 이해 기반 취업 성공 패키지 프로그램을 기획하고 싶습니다.

저는 현재 취업 상담을 받고 있는데 자기 이해를 기반으로 자신의 성향, 흥미, 적성, 가치, 경험, 환경을 고려한 목표 설정 후 지원할 기업 그 기업의 서류/면접 준비 순서대로 진행되고 있습니다. 이 부분에서 저는 저 자신을 이해함으로써 자신감과 확신으로 취업 준비를 하고 있으며 상상프렌즈 동료들도 좋은 프로그램을 함께하고 싶습니다.

그리고 1단계 자기 이해 상담의 진짜 결과물은 바로 '직무 추천'입니다.

또 하나의 사례를 보겠습니다.

대학교 4학년 경제학과 졸업을 앞두고 있는 ○○이는 졸업을 3달여 앞두고 고민이 많아져 저를 찾아왔습니다. 10대 때부터 뚜렷한 꿈이 없었고 구체적인 계획을 세워 본 적도 없었다고 합니다. 고

등학교 때는 이과 공부를 했지만, 교차 지원하여 무난하게 경제학과
에 들어갔고 현재 졸업 학점은 2.8.

흥미의 육각형 모형

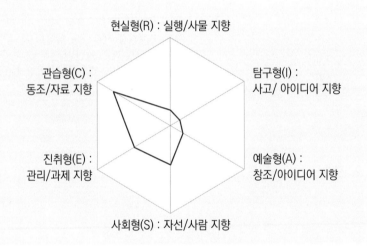

현실형(R) : 실행/사물 지향

탐구형(I) :
사고/ 아이디어 지향

예술형(A) :
창조/아이디어 지향

사회형(S) : 자선/사람 지향

진취형(E) :
관리/과제 지향

관습형(C) :
동조/자료 지향

1. 꿈의 기록

'나의 꿈의 변화'를 기록해 보고 그 끌렸던 이유들의 공통 분모를 찾아
보자.

꿈	꿈을 가졌던 시기	되고 싶었던 이유
교사 #유능한 #만능	초등학생 중학생	어릴 때 지도자(어른들이 유능, 만능으로 보았던, 모르는 부분, 문제 해결 등)에 대한 선망이 커서, 초등학생 때 좋은 선생님들을 많이 만나서.

꿈	꿈을 가졌던 시기	되고 싶었던 이유
연구원 #당연한 #막연한	고등학생	고등학생 때 이과로 진학하면서 막연하게 생긴 꿈. 생기부에도 연구원-기계연구원 정도로만 좁혀서 생각했던 기억이 납니다. 아빠 지인 분한테 과외를 받았는데, 경대 모바일학과 재학중이었음. 과연 이 과가 세상을 살릴까?
		10대 때부터 뚜렷한 꿈을 가지거나 구체적인 계획을 세우지는 않았던 것 같습니다. 어릴 때는 크면 당연히 이루어지는 게 꿈이라고 생각했는데 커가면서 아닌 걸 때달았고, 대학생이 되어서는 '어느 쪽이 인력 수요가 많을까?'에 대해서만 고민했던 것 같습니다.

2. 인터뷰

1) 어떤 영화, 책, TV프로그램을 좋아하는가? 그 이유는?

〈리틀 포레스트〉처럼 잔잔한 영화를 좋아합니다. 편하게 보면서 잡생각을 정리하기에 좋습니다. 에세이보다는 교양 서적을 많이 읽는 편입니다. 사회적 이슈가 되는 분야에 접근하기 위한 진입 장벽이 낮기 때문에 서점 베스트셀러 순위를 따라(시대 흐름은 알고 가자는 생각에서) 읽기 좋은 것 같습니다. TV는 잘 보지 않습니다.

2) 여가 시간에 주로 어떤 것을 하나? 그 일이 주는 즐거움은 어떤 것인가?

혼자 요리해서 챙겨 먹는 것을 좋아합니다. 방해받지 않는 나는(언제

방해받는다고 생각해요? 시끄러운 것 싫어함. 혼자 조용히 있는 시간 꼭 필요! 쉬었다는 느낌! 편안한 느낌) 공간에서 좋아하는 음식을 해먹는 즐거움이 큽니다.

3) 존경하는 사람은 누구인가? 그 사람의 어떤 점을 닮고 싶은가?

한 직장에서 오래 근속하신 분들(이 분들은 왜 오래 있었을까? 온 앤 오프를 잘 구분해야!! 스트레스 해소를 잘 하신 듯…. 직무나 기업 문화가 견딜만했다. 성향이 안정형일수록 이직이 적다). 저는 아르바이트를 하면서도 쉽게 질려하고(어떤 부분에서 질려했는지? 같은 일을 반복하는 것. 유니클로 매장에서 알바할 때 매일 뛰어다님…. 매장이 크고 뛰어다녀야 되고 오래 일을 하면 새로운 일을 주시는데…. 반품 교환 일 맡길 때 그만 둠. 같은 일을 배워도 직원보다 배우는 속도가 느리니까. 나는 알바생이니까 나도 놀 수 있는데….) 힘들어했는데, 그런 것들을 극복하고 오랫동안 일하면서 나아가는 점을 닮고 싶어요.

4) 먹고사는 문제가 해결되어도 계속 하고 싶은 일은 무엇인가?

직업이 생긴다면 하던 일 할 수 있을 때까지는 계속하고 싶습니다. 지금처럼 아르바이트나 실습 인턴 등 아무것도 하지 않는 시간(공부는 항상 하던 거니까…. 해야겠다고 생각한 이상 뭔가를 하다가 가만히 있으면….)이 뭔가 불안해요 (불안의 시작은? 4학년이 되고 나서…. 지금은

집에서 가족과 함께 살고 있는데 졸업하면 지원을 끊는다고 하셨고…. 졸업 전 취업이 어려워 보였고…. 첫째라서 이런 과정을…. 삽질을 많이 해 봄…. 결국 되어 있는 게 없는 느낌….). 4학년이 되고 나서 이런 생각을 많이 한 것 같습니다.

5) 남들은 힘들다 하는데 내게는 별로 힘들게 느껴지지 않았던 일이나 활동은 무엇인가?

반복 작업이나 박음질처럼 앞으로 나아가기만 하는 일이 아니라 뒤로 돌아와서 확인하고 다시 나아가는 작업. 특히 파트너가 있을 때 더 잘 할 수 있는 것 같습니다.

6) 시간 가는 줄도 모를 만큼 몰입했던 경험은?

어떤 일에 대한 경험은 없습니다.

7) 생각만해도 가슴이 두근거리고 행복해지는 일은?

졸업하고 취업해서 부모님 걱정 덜기

8) 죽기 전에 하지 않으면 후회할 것 같은 것은 무엇인가?

혼자서 긴 여행 다녀오기

9) 만일 당신이 지금보다 100배 용기 있다면 무엇을 할 것인가?

수능 다시 치고 싶어요(원서는 이렇게 안 쓸 것 같다. 고등학교 때 스트레스 받은 거…. 공부를 못했어서? 영어는 예전부터 좋아는 했었고…. 공부 잘하는 아이들 사이에서 96점을 받아도 100여 등…. 내신 받기도 어려웠고…. 내가 게으른가? 극복하려고 어떤 노력을 했는가? 극복을 하려고 하는 듯하지만 포기하는 나? 뭘 극복했었어야 했는가? 공부를 더하면 될텐데. 어느 정도 하다가 못하겠다. 다시 돌아가서 전공을 선택한다면 통계학과를 가보고 싶습니다(통계학 #빅데이터 #데이터분석 #시장수요).

10) 100세 노인이 되었다. 손자가 "무엇이 인생에서 가장 자랑스러우셨어요?"라고 묻는다면, 어떻게 대답하고 싶은가?

앞으로 그런 자랑스러운 일을 많이 해냈으면 좋겠습니다. 지금까지는 평범하게 지냈던 것 같습니다.

관습형이라 안정적인 직업/직무를 원하면서도 시대 트렌드에 떨어지는 것은 싫다고 합니다.

예를 들어 사무 행정을 꿈꾸지만 그것만 하는 것보다 뭔가 더 전문적이고 트랜디한 직무를 수행할 수 있기를 바란다는 것입니다. 그래서 이 학생은 무작정 요즘 트랜디하다는 데이터 분석 교육을 이수

3. 경험 정리

언제	활동명	활동 내용	배운 느낀 점
2016년 12월~2020년 8월	유니클로 파트타이머	고객 응대, 수선, 금전 관리 입반출, 객주, 판매계획 작성 조례 시 부문담당자 정보 공유	정보 발신의 중요성 팀워크를 하면서 내가 서포트를 잘한다는 것을 알게 되었습니다(꼼꼼함). 인수 인계, 시간 관리의 중요성
2019년	학부 학생회 기획차장	학부 행사 기획	학생회는 명목적이었지만 선후배 사이 갈등 해결의 경험으로 감정 표현 방식에 대해 깊게 생각해 본 한 해였습니다.
2021년 3월~7월	미라클 외국어학원 강사	초·중등부 강의	학원 업무에 대해서는 매뉴얼과 인수 인계의 중요성, 지도에서는 반복 학습의 중요성에 대해 느꼈습니다.
2021년 7월~8월	지방새마을금고 현장 실습	창구 업무는 볼 수 없었습니다. 주로 내방 고객 응대, 서류 정리	고객층에 따라 다른 서비스 접근법에 대해 좀 더 자세히 알게 되었습니다.
2021년 11월~12월	중소벤처기업진흥공단 경북남부지부 업무 보조	내방 또는 상담 고객 응대, 상담 서류 작성, 기록물 관리	사무직 실무에 대한 이해 엑셀 등 컴퓨터 활용. 자격증 취득에 그칠 것이 아니라 익숙해질 필요 있음.
2021년 틈이틈이	자원봉사활동 30시간	대구미술관, 문학관 대구 중구 예방접종센터	대가가 없어도 나서서 돕는 사람들이 많구나. 집안일처럼 해도 티 안 나지만 안 하면 티 나는 활동들 덕분에 기관들이 잘 운영되고 있구나 하고 느꼈습니다.

한 상황이었습니다. 그런데 현실적으로 사무 행정 직무의 자격 요건에서 데이터 분석을 우대한다는 조건은 거의 없습니다. 그래서 제가 물어봤습니다.

"사무 행정 부분을 생각하고 있다고 하는데, 그 업무에 대해 얼마나 알고 있다고 생각하나요?"

"데이터 분석 교육을 이수한 것이 사무 행정 직무에 우대 조건이 맞나요?"

"실제로 데이터 분석 교육이나 자격증이 그렇게 우대받을 수 있을까요?"

대화를 나누어 보니 이 학생은 안정적이면서 전문가로서 오래 일하고 싶다는 생각을 하고 있었습니다. 숫자나 자료를 다루는 것에 흥미를 가지고 있었습니다. 용기가 있다면 통계나 빅데이터 분야로 가고 싶다고 했습니다. 그리고 실제 데이터 분석 교육을 이수해 놓았지요.

"괜찮으시다면 데이터 분석 전문가가 되기 위해 대학원을 가보는 것이 어떨까요?"

"네? 제가요?"

"네. 대학원 갑시다!"

사실 그냥 사무 행정은 경쟁력과 매력이 없다고 생각하고 있었습니다. 하지만 4년간의 대학 생활 동안 떨어질대로 떨어져 있는 자존감 때문에 대학원은 꿈도 못 꾸고 있었다고 합니다.

그런데 제 눈에는 보였어요. 큰 그림이.

그렇게 우리는 적당한 대학원을 알아보았습니다. 집 근처에 있으면서 데이터 분석 전문가를 양성하는 대학원, 관련 논문을 쓴 교수님이 계신 곳! 그렇게 우리는 함께 대학원 학업 계획서를 작성했습니다. 어떤 계기로 전공에 지원했는지, 어떤 것을 배우고자 하는지, 그래서 어떤 꿈을 이루고 싶어하는 사람인지... 결국 이 학생은 원하는 대학원에 진학했습니다. 그것도 다녔던 대학보다 명성이 높은(?) 대학원으로 가게 되면서 자신감까지 얻었다고 해요.

이처럼 자기 이해 컨설팅을 통해 진학은 물론 취업까지도 가능합니다.

1단계 자기 이해 부분에서 자신의 키워드를 뽑아 보세요. 자신이 진짜 원하는 삶이 무엇인지 성찰해 보세요. 그리고 혼자 하기 힘들다면 자기 분석 파일을 작성한 후 공공기관이나 학교에서 제공하는 무료 취업 상담실을 활용하여 자신의 키워드를 뽑아 달라고 도움을 요청해 보세요.

앞서 첫 번째 학생의 사례에서는 유통 분야 MD 또는 영업 관리를 추천해 주었습니다. 본인은 초기 대화에서 마케터가 되고 싶다고 말했습니다. 하지만 대화를 나누어 보니 성향이나 흥미가 MD쪽이 맞겠다고 생각했습니다. 자신이 선택한 제품이나 서비스가 고객들에게 좋은 반응이 있기를 바라는 마음이 컸습니다. 그리고 진로는 변경될 수 있기 때문에 현재 흥미로운 부분에 대해 더 경험해 보고 우회하는 방법도 있으니까요. 진로 변경에 대해 두려움을 가진 학생들이 많습니다.

나중에 진로를 변경하면 남들보다 늦은 게 아닐까요?

진로를 변경했는데 다시 돌아오지 못하면 어떻게 하지요?

여러분! 진로는 당연히 변경될 수도 있습니다. 하지만 여기서 중요한 것은 취업 준비 프로세스를 경험한 학생들은 진로가 변경되더라도 스스로 취업 준비를 할 수 있는 힘이 있다는 것을 기억하세요! 취업 준비도 연습입니다. 서툴러도 괜찮아요. 처음부터 취업 준비를 잘하는 사람이 어디 있겠어요? 그저 믿고 따라해 보세요!

두 번째 학생은 상담 초기 사무 행정 직무를 준비한다고 말했습니다. 하지만 실제 이 학생은 사무 행정 자격 요건, 우대 조건에 대해서도 잘 알지 못하고 있었지요. 막연하게 준비하고 있었습니다. 그냥 이것저것 트랜디하다는 것은 따라 가고 싶었고 교육도 이수했지만, 그것이 어떻게 활용되어져야 하는지 몰랐습니다. 그 부분에서 자신의 성향이나 흥미, 직업적 가치에 알맞게 어떻게 활용하면 될지 컨설팅해드렸고 현재는 모 대학원에 입학하여 데이터 분석 전문가가 되기 위해 공부하고 있습니다.

자! 그렇다면 이들은 어떻게 제가 추천해 준 직무와 전공을 확신하며 실행에 옮길 수 있었을까요? 단순히 자기 이해 컨설팅만 해서 된 것은 아닙니다. 2단계 직무 조사가 한 몫을 했지요.

취업 준비 프로세스 2단계 직무 조사. 어떻게 하는 것인지 한 번 살펴볼까요?

프로세스 2단계

직무 조사

job investigation

2. 직무 조사
나만의
직무 기술서

3. 목표 설정
목표 수집
자료 수집

1. 자기 이해
홀랜드검사
자기 분석

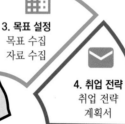

4. 취업 전략
취업 전략
계획서

5. 실천 점검
실천 확인
동기부여

6. 서류 작성
입사서류
입학서류 등

7. 면접 준비
인성, 직무, 외국어
PT, 토론 등

아 래의 이미지를 봐주세요. 보시는 바와 같이 채용 시 직무
역량을 가장 중요한 요소로 보고 있습니다.

1단계 자기 이해 상담이 끝나면 학생의 특징에 대해 알게 되고
알맞은 직무를 추천해 줄 수 있습니다. 하지만 저에게 직무 추천을
받았다고 해서 그 직무를 꼭 해야 하는 것은 아닙니다.

다만 직무를 추천해 주는 이유는 마치 퍼즐을 맞추는 것처럼 그

사람과 그 직무가 잘 맞겠다는 판단이 서기 때문입니다. 그리고 이렇게라도 방향을 제시해 주면 학생들은 취업 준비를 좀 더 수월하게 할 수 있습니다. 힌트를 얻어가는 느낌이라고 할까요? 그리고 단순히 전공이나 스펙을 보고 컨설팅하는 것이 아니라 홀랜드 검사와 자기 분석 파일을 보고 추천하는 것이기 때문에 나름대로 근거도 있습니다.

자신을 이해하고 직무를 추천받은 다음에 해야 할 일은 무엇일까요? 당연히 추천받은 직무가 무엇인지, 정말 나에게 맞을지 확인해야겠지요.

취업 준비 프로세스 2단계는 직무 조사입니다.

여기서 말하는 직무 조사는 직무의 정의, 업무 내용, 협업 부서, 필요한 지식, 스킬, 태도, 자격, 활동 등을 알자는 것입니다. 이런 내용들을 조사해 봐야 왜 컨설턴트가 자신에게 이 직업을 추천해 주었는지 이해할 수 있게 됩니다.

이 단계에서는 추천이 잘된 것인지 잘못된 것인지 판단하고 직무에 확신을 얻는 것이 중요합니다.

그런데 처음에는 저도 별 생각 없이 "추천해 드린 직무에 대해 조사해 오세요."라고 했습니다. 그다음 상담은 어떻게 되었을까요? 학생들은 막막해하며 제대로 직무 조사를 해오지 못했습니다. 우리나라의 주입식 교육을 탓해야 할까요? 수동적인 학생들을 탓해야 할까요? 참 난감했습니다.

고민하던 끝에 '자주 접하는 NCS사이트에 있는 직무 기술서를 활용하면 좋겠다.'고 생각했습니다. 국가직무능력표준이라고 불리는 NCS(National Competency Standards)는 산업 현장에서 직무를 수행하기 위해 요구되는 지식·기술·태도 등에 관한 내용을 국가가 체계화한 것입니다. 그러나 이것은 직업 교육, 훈련, 자격이 연계되지 않은 상태였기 때문에 산업 현장에서 요구하는 직무 수행 능력과 괴리가 있어 국가 인적자원 개발이 비효율적이라는 비판이 많았습니다. 이를 해소하기 위해 개발된 것이지요.

NCS 직무 기술서에서는 직무 내용 및 역할, 필요 역량 등을 제시하고 있는데, 저는 여기에 서류, 면접에서 중요시하는 자격 요건이나 우대 사항을 추가했어요. 그렇게 저는 '나만의 직무 기술서'라는 파일을 만들었고, 그 틀을 활용하여 학생들이 직무 조사를 한결 수월하게 할 수 있도록 도왔습니다.

NCS 직무 기술서는 다음과 같습니다.

이것을 토대로 나만의 직무 기술서를 개발했습니다.

NCS기반 직무 기술서 예시

NCS 기반 직무설명 자료 : (사무행정) 분야

모집 분야	사무행정	대분류	중분류	소분류	세분류
		02.경영·회계·사무	02.총무·인사	03.일반사무	02.사무행정
		02.경영·회계·사무	03.재무·회계	01. 재무	01. 예산

직무 수행내용	o 전시교육실 서무행정(구매, 지출 등) 업무 o 일반 사무, 행정 업무 - 회의자료 작성, 주요업무현안 및 일정 종합, 사무실 보안관련 업무 - 부서 사무용품, 비품, 기념품 관리 등
전형방법	o 채용공고문 참조
일반요건	연령 o 61세 미만
	성별 o 무관
교육요건	학력 o 학사학위를 취득한 자 o 전문학사학위 취득 후 관련분야 2년 이상의 경력이 있는 자 o 고등학교 졸업 후 관련 분야 4년 이상의 경력이 있는 자
필요지식	o (경영·회계) 예산 집행 및 지출 관련 규정, 계정과목에 대한 지식 o (사무행정) - 문서작성, 처리, 관리에 대한 이해 - 회의지원, 회의보고서 작성 등 사무행정 업무의 이해 - 자료 관리 방법, 개인정보보호법에 대한 이해
필요기술	o (경영·회계) 예산 집행 및 지출 프로그램 활용 능력 o (사무행정) - 일정 및 문서분류 능력, 전자문서시스템 활용 기술 - 회의 자료 종합 인트라넷 사용 기술 - 사무기기 활용 능력, 워드프로세서 프로그램의 편집 능력 등
직무수행 태도	o (경영·회계) 적극적인 협업 태도, 수리적 정확도를 기하려는 자세, 회계 관련 규정 준수에 대한 의지 o (사무행정) 정확한 업무처리 태도, 관찰력, 계획준수, 꼼꼼함, 팀워크 지향, 성실성
필요자격	o 해당사항 없음
작업기초능력	o 문제해결능력, 의사소통능력, 정보능력, 대인관계능력, 조직이해능력
참고사이트	o 참고사이트: http://www.mabik.re.kr o 위 직무기술서는 현재 개발된 NCS 중 국립해양생물자원관의 채용직무와 관련된 NCS중 대표적 NCS를 일부 선정하여 작성되었습니다. 따라서 향후 NCS 개발동향과 국립해양생물자원관 주요사업 변경 등 내·외부 상황에 따라 변경될 수 있음을 양지하여 주시기 바랍니다.

나만의 직무 기술서

□ 직무 기본 정보

직 무		협업부서	
		소 속	
직무목적			
업무영역			

□ 직무 책임 및 역할

직 무	책임 및 역할

□ 직무 수행 요건

구 분	상세 내용
지 식	
기 술	
태 도	
관 련 교 육	
관 련 자 격	
관련 대외활동	

NCS 직무 기술서에서 직무 수행 내용, 필요 지식, 스킬, 태도, 자격 등은 필수적으로 필요한 부분이라고 생각합니다. 거기에 협업 부서, 소속, 직무 목적, 업무 영역, 관련 교육(개인적으로 수강한 외부 교육), 관련 활동을 추가했습니다.

"공동 목표를 위해 협업한 내용을 적어라."

"다른 부서와 이견이 엇갈렸을 때 어떻게 대처할 수 있을지 말해 보라."

이런 질문을 하였을 때 답하지 못하는 학생들이 많습니다. 심지어 자신이 어떤 역할을 수행하는 부서에 소속된지도 모르는 학생들도 있었습니다. 자신이 지원하는 부서의 업무 외에 어느 부서와 무엇을 협업해야 하는지도 알아야 합니다. 회사는 다양한 부서가 유기적으로 연결되어 톱니바퀴처럼 돌아가게 되어 있으니까요.

해당 직무가 왜 있는지, 어떤 목적/목표를 위해 있는 부서인지도 알아야 합니다. 그래야 입사 후 포부도 준비할 수 있고, 입사 후 어떤 역할을 해내야 하는지 알지요.

업무 영역도 알아야 합니다. 자신이 누구에게 어떤 일을 받아서 누구에게 어떻게 보고할 것인지를 아는 것은 직장 생활의 기본 중의 기본입니다.

뿐만 아니라 서류 통과를 위해서가 아닌 실무를 하기 위해 기본적으로 갖추어야 할 직무 지식, 스킬, 태도, 대내외 교육, 자격증, 활동 사항 등도 알고 준비해야 합니다. 모든 부분을 다 갖출 수는 없더라도 취업에 유리해지려면 알고 준비해야 할 것들입니다. 그래야 내가 어느 정도 준비되어 있는지, 앞으로 무엇을 좀더 보완하면 되는지 판단도 내릴 수 있어요.

다음은 나만의 직무 기술서에 알맞게 생산 기술 직무를 준비하는 학생이 작성해 온 사례입니다.

□ **직무 기본 정보**

직 무	생산 기술	협 업 부 서	구매, 개발, 생산/품질 부서 연구소
		소 속	생산팀의 기술지원 부서
직무목적	가치 있는 제품을 만들기 위한 공정 및 공장의 운영을 설계/기획하고 내/외부 고객의 품질 눈높이를 맞추기 위한 생산, 검사 설비 등을 개발 도입하며, 신규 아이템의 안정적인 생산 능력 및 품질 확보를 위한 라인 구축 및 제품/공정 품질 확보 활동을 하고 있습니다.		
업무영역	설비 운영 System 구축 제어 설계 제작, 설치, 시운전 관리를 하고 품질 향상과 생산 진도관리, 가공·조립 공정 설계 검토 해석 공정 관리 실행, 가공·조립 기술 관리 실무, 영업 기술 지원 실무		

□ 직무 책임 및 역할

직 무	책임 및 역할
생산기술기획	설계의 품질을 실제 제품으로 가장 경제적으로 구현하는 일
	공정의 하드웨어적인 부분을 분석하고 개선하며 생산성 향상 및 공정 최적화
	장비 가동률 등을 분석하여 공정에서 장비 상태가 최적화되어 있는지 분석하고, 아니라면 최적화를 위한 문제 분석과 해결책을 고민
	생산라인에서 불량이 발생하면 장비 및 설비에서 어떤 문제가 있었는지 생산관리 엔지니어와 소통하며 문제를 분석하고 불량 분석을 공정의 하드웨어적인 측면에서 수행하여 불량 개선을 진행

□ 직무 수행 요건

구 분	상세내용
지 식	회사의 제품 생산 프로세스 및 공정의 이해
기 술	기본적인 도면 해독 및 관련 소프트웨어 운용 능력
태 도	어느 직무보다 협력사와 협업을 하는 경우가 많기 때문에 협력사에 우리 회사가 요구하는 조건을 명확하게 전달하고, 실행될 때까지 소통할 수 있도록 하는 소통 능력이 필요
관련교육	생산기술 직무 관련 교육
관련자격	전기기사 : 각종 제조 설비의 회로도 및 제어 원리에 대해 학습할 수 있기에 PLC/HMI 등의 이해에 도움
관련 대외활용	공학프로젝트

그런데 '나만의 직무 기술서'를 어떻게 채우면 좋을까요? 여러분이라면 어떻게 채워 보시겠어요?

저는 직무 조사 단계에서 "어느 사이트에 가서 어떻게 찾아오세요."라고 말하지 않습니다. 왜냐하면 그렇게 했을 때 학생들의 창의적인 검색 활동을 방해하기 때문입니다. 물론 처음부터 어떻게 해야 하는지 모르겠다고 막막해하는 학생들이나 노력했는 데도 모르겠다고 하는 학생들에게는 사이트를 보여 주고 어떤 카테고리에서 무엇을 찾아 보아야 하는지 알려 줍니다. 이 책에서는 바로 나만의 직무 기술서를 쉽게 작성하는 방법을 알려 드리겠습니다.

우리는 다음과 같은 사이트들을 활용할 수 있습니다.

첫째, 워크넷 사이트입니다. 그곳에는 직업 정보를 알려주는 카테고리가 있습니다. 저는 어떤 직무를 조사할 때는 가장 먼저 그 직무를 워크넷에서 검색해 봅니다. 예를 들어 사무 행정 직무에 대해 알아본다고 해 봅시다. 워크넷 사이트에서 직업진로 카테고리로 들어갑니다. 다음으로 직업 진로 카테고리에 있는 한국직업정보로 들어가면 키워드 검색하기가 나오고 '총무사무행정'이라고 검색하면 관련 직업이 12건 정도 보입니다.

그중 '총무사무원'을 클릭하면 그 직업을 요약한 페이지가 보이고, 그 뒤에는 구체적으로 하는 일, 어떤 교육·자격·훈련을 거쳐야

하는지 등 여러 개의 카테고리가 보입니다.

워크넷 사이트는 국가에서 운영하는 사이트로, 여러 연구원들이 직무에 대해 조사한 바를 정리해두었기 때문에 유용하고 믿을 수 있습니다.

둘째, NCS 사이트입니다. '나만의 직무 기술서'는 NCS 직무 기술서를 참고해서 만들었다고 말씀드렸습니다. 그런데 학생들 중에는 NCS라고 하면 공기업 시험으로만 알고 있는 사람이 많습니다. 앞서 말씀드렸듯이 NCS는 국가에서 비효율적인 채용 형태 등을 개선하고자 직무를 표준화한 것이지 단순히 공기업 시험이 아닙니다.

NCS에서 말하는 직무 기초 능력 10가지를 시험으로 보는 것에서 그렇게 인식되고 있습니다. 하지만 NCS 사이트는 그 어떤 사이트보다 취업 준비에 유용하다고 생각합니다.

예를 들어 응용 소프트웨어 개발 직무에 대해 알아봅시다. 먼저 사이트 오른쪽 상단에 있는 NCS통합검색을 누르고 검색창에 '소프트웨어개발'을 입력합니다.

그러면 NCS에 응용소프트웨어개발로 검색한 결과 총 1,387건

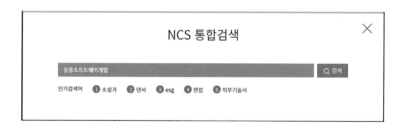

정도가 검색되는데, 여기에서 가장 알맞다고 생각되는 것을 클릭합니다.

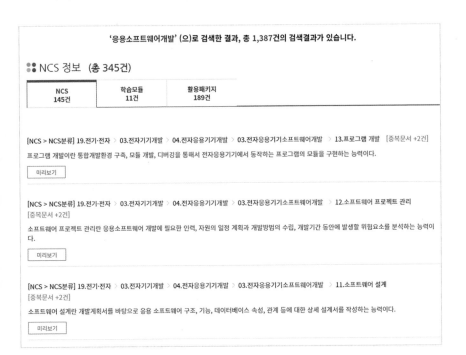

저는 '전자응용기기소프트웨어개발'을 클릭하였더니 'NCS SUMMARY'라고 초록색의 큰 단어가 보였습니다.

NCS SUMMARY 페이지에서 쭉 내려가 보면 경력개발경로모형, 직무 기술서, 체크리스트, 자가진단 도구가 보입니다. 여기 있는 활용 패키지 4가지만 잘 참고해도 NCS 활용을 잘하는 것입니다.

여기에서 경력개발경로모형으로 들어가면 내 직무와 관련된 직

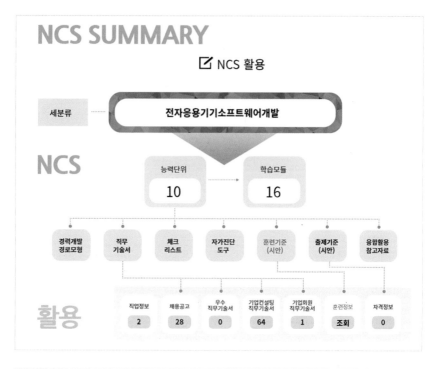

NCS SUMMARY

☑ NCS 활용

| 세분류 | 전자응용기기소프트웨어개발 |

NCS

| 능력단위 | 학습모듈 |
| 10 | 16 |

| 경력개발
경로모형 | 직무
기술서 | 체크
리스트 | 자가진단
도구 | 훈련기준
(시안) | 출제기준
(시안) | 융합활용
참고자료 |

활용

| 직업정보 | 채용공고 | 우수
직무기술서 | 기업컨설팅
직무기술서 | 기업회원
직무기술서 | 훈련정보 | 자격정보 |
| 2 | 28 | 0 | 64 | 1 | 조회 | 0 |

⠿ 활용패키지

1.경력개발경로

구분	미리보기	선택
경력개발경로 모형	다운로드　경로찾기	☐
직무기술서	미리보기	☐
체크리스트	미리보기	☐
자가진단도구	미리보기	☐

무 기술서 체크리스트 자가 진단 도구를 볼 수 있습니다. 심지어 내
가 대리, 과장, 부장급이 되었을 때 어떤 일을 담당하게 되는지 등을
미리 보고 준비할 수 있어서 서류 작성 시 입사 후 포부 작성에 도움

을 줍니다. 또한 해당 직무에서 다른 직무로 이동할 수 있는 직무는 무엇이 있으며 어떻게 가능할 것인지를 예상할 수 있도록 돕습니다.

직무 기술서는 직무에 대한 기본 정보와 직무 책임, 역할 등을 확인할 수 있고, 체크리스트는 직업 기초 능력, 직무 수행 능력을 볼 수 있습니다. 마지막으로 자가 진단 도구는 자신이 현재 준비되어 있는 정도를 체크해 볼 수 있어 유용합니다.

셋째, 취업포털 사이트입니다. 취업포털 사이트는 채용 공고만 제공하는 곳이 아닙니다. 현직자 인터뷰를 글과 영상으로 만날 수 있고 직업 사전도 있으니 참고하시면 좋겠습니다. 특히 현직자의 직무 인터뷰를 보면 하루 일과와 실무에서 사용되는 용어들도 알 수 있습니다. 예를 들면 사람인, 잡코리아, 피플앤잡, 슈퍼루키, 원티드, 로켓펀치 등이 있습니다.

잡코리아는 너무 유명한 취업 플랫폼이어서 그동안 쌓여 있는 데이터가 방대합니다. 잡코리아에서는 대규모 공채 정보 및 채용 일정, 내 스펙과 합격자 평균 스펙 비교 분석, 표준 이력서 외 디자인 입사서류 등 다양한 양식, 제휴 대학에 AI면접, NCS 모의고사 응시 등의 서비스를 제공하고 있습니다.

피플앤잡은 외국계 기업 취업을 준비하는 분들이라면 모르면 안 되겠죠? 이곳은 직종별·업종별 헤드헌팅 추천 채용 공고, 인턴, 산휴대체 해외 근무 등 분류가 잘 되어 있어 검색이 수월합니다. 회원

가입을 하면 국영문 이력서를 업로드할 수 있습니다. 이력서를 올려

놓으면 헤드헌터뿐만 아니라 외국계 회사 HR팀에서도 오퍼를 받을

수 있습니다. 정식 공고가 올라오지 않은 회사가 헤드헌터를 통해서

구인하는 경우도 있으므로 이력서를 준비해서 올려 두는 것이 좋습

니다.

　슈퍼루키는 외국계, 스타트업, 인턴 공고를 찾을 때 유용합니다.

고용 형태, 기업 형태, 직무, 근무 지역 등을 적용하여 공고를 검색

합니다. 또한 채용 공고, 기업 탐색, 커리어 교육 등에 관한 정보 외

에도 영문법 검사 기능도 제공하고 있습니다. 덧붙여서 영문 이력서

나 자기 소개서를 첨삭하는 기능도 있으니 활용해 보시기 바랍니다.

요즘은 스타트업 취업 준비생도 많이 찾아볼 수 있는데요. 스타트업 전문 채용 플랫폼 원티드는 이력서만 등록해도 본인에게 알맞은 포지션을 추천해 줍니다. 실제로 200만 건의 합격 데이터를 기반으로 내 이력서를 분석하여 서류 합격률이 높은 포지션을 추천하고 있습니다. 원하는 직무에 필요한 공부를 하고 싶다면 원티드의 커리어 콘텐츠를 이용해 보세요. 해당 업계의 현직자 강연부터 기본기를 키울 수 있는 인사이트를 제공하고 있습니다.

로켓펀치는 직무 역량과 경험을 정리할 때 참고하기 좋아서 한국의 '링크드인'으로 불리고 있습니다. 다른 취업 플랫폼과 달리 기업과 구직자 간의 소통 플랫폼으로 원한다면 메시지 기능을 통해 기업 인사 담당자와 직접적인 소통도 가능합니다. 그리고 상대적으로 자격 요건과 업무 내용이 상세히 나와 있는 경우가 많습니다. 해당 직무에 필요한 조건이 무엇인지, 기업에서 원하는 인재상은 무엇인지 확인해 보세요. 로켓펀치는 이력서, 자기 소개서 외에도 SNS와 같이 본인이 준비하는 직무 스토리, 갖고 있는 인사이트를 나눌 수 있는 공간이 있습니다. 이외에도 관심 기업이나 업계 종사자를 팔로잉해 정보를 공유할 수도 있으니 활용해 보세요.

넷째, 대기업 채용 사이트입니다. 'SK 채용', '현대 채용', 'LG 채용', '한화 채용' 등을 검색하면 다음과 같이 기업의 전반적인 직무가 모두 보이는데, 클릭하면 해당 직무 내용을 볼 수 있습니다. 한 기업만 보기보다는 여러 기업 채용 사이트를 보면서 직무를 익혀 보세요.

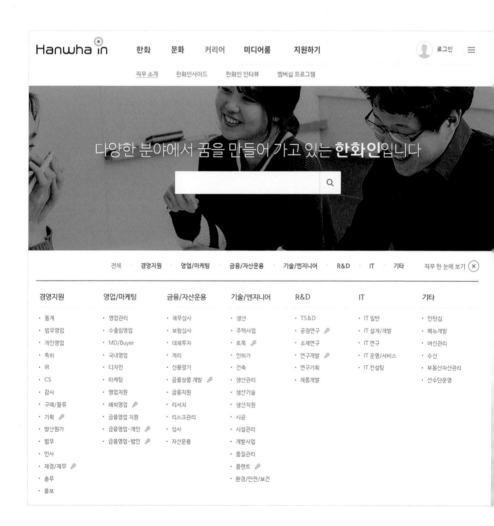

다섯째, 유튜브입니다. 이것은 제가 알려드리지 않아도 잘 찾아서 하실 것 같은데, 현직자, 전공자 등 다양한 사람들이 전공 관련 직업 전망과 직무 내용에 대해 설명하고 있습니다.

여섯째, 협회 및 학회 사이트입니다. 직무 관련 교육은 전공자라면 전공 수업으로 들을 수도 있지만, 실무는 교내 수업만으로는 부족함을 느낄 수 있습니다. 그럴 때는 전공과 관련된 협회나 학회를 찾아 교육을 확인해 보세요.

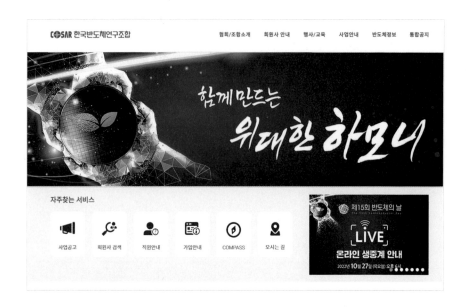

제가 협회나 학회에서 얻는 정보들은 이렇습니다. 관심 산업 분야 이슈, 산업 내 활동 기업, 관련 인재 양성 교육 계획, 필수 용어 등. 여기에 있는 정보는 실제 그 산업에서 사용되는 실무 내용들이기 때문에 서류나 면접에서 관련 내용을 언급하면 인사 담당자들이 봤을 때

"이 사람은 실무를 잘 알고 있네."

"제법 준비를 잘했네."

라고 생각할 것입니다.

일곱째, 한국생산성본부 사이트입니다.

한국생산성본부 사이트는 직무 역량을 향상시키기 위해 존재하

는 교육 사이트라고 보시면 됩니다. 주로 재직자를 대상으로 하며, 기업에서 재직자들의 직무 역량 향상을 위해 비용을 지불하기 때문에 비용이 만만치 않습니다. 그래서 여기서 교육을 수강하라는 말이 아니라 재직자들이 어떤 직무 교육을 받고 있는지 교육 커리큘럼을 보고 알고 있기를 바랍니다. 필요하다면 책, 인터넷 강의 등 다양한 방법으로 보완하면 됩니다.

예를 들어 한국생산성본부 사이트에서 구매 관리와 관련된 교육 커리큘럼을 확인했다고 합시다. 그리고 HRD-Net이라는 직업 훈련 포털 사이트에 가서 내일배움카드로 국비 지원을 받아 직무 교육을 이수해 보는 것입니다.

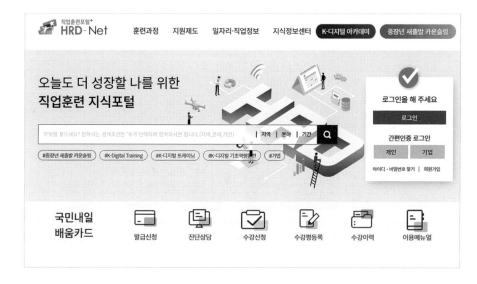

생각보다 많은 사람들이 모르고 있지만 유용하게 사용할 수 있는 부분이 바로 HRD-Net입니다. 일단 국민내일배움카드를 발급 받을 수 있는지 여부를 확인합니다. 종전에는 졸업 예정자부터 발급 가능했지만, 다행히 최근 국민내일배움카드의 발급 대상이 확대되어 졸업까지 남은 수업 연한이 2년 이내라면 대학생 또는 대학원생

이라도 카드 발급 대상이 될 수 있다고 하네요. 훈련비 지원 및 사용

처는 사이트에서 확인하시기 바랍니다.

여덟째, Q-net 사이트입니다.

내가 희망하는 직무에 어떤 자격증이 있을까? 여러분은 어디서

검색해 보시나요? 가장 먼저 인터넷으로 검색해 봅니다. 그리고 저

는 Q-Net 사이트에 들어가서 검색해 봅니다. 이것은 워크넷, NCS,

HRD-Net과 마찬가지로 국가에서 관리하는 사이트인데, 국가 기술

자격증, 국가 전문 자격증 취득을 위해 접수하고 시험 결과를 확인할 때 이용해 보신 분들이 계실 겁니다. 이 사이트는 국가 자격증 외에도 국가가 인정하고 있는 민간 자격증도 있으니 참고하세요.

아홉째, 대외 활동 사이트입니다.

많은 대외 활동 사이트가 있습니다. 하지만 여기서 주의할 점은 취업 준비를 위해 활동 사항을 탐색할 때는 대외 활동 사이트만 보아서는 안 됩니다. 예를 들어 바이오 산업, 생명과학 분야의 연구기

관은 대외 활동 사이트에 등록되지 않았지만, 필요 시 대학생 연구 인턴을 뽑기도 합니다. 상품 기획, MD 직무의 경우에도 대외 활동을 찾기가 쉽지 않습니다.

이처럼 대외 활동을 하고 싶어도 찾기 어려운 직무들은 손놓고 있어야 할까요? 아닙니다! 그래서는 안 됩니다! 대외 활동을 준비하실 때는 여러분의 창의력이 필요합니다.

OO이는 MD를 꿈꾸고 있었는데, 유명한 기업의 서포터즈에 불합격하자 어찌할 바를 몰라 저에게 왔습니다.

"선생님, 큰 일 났어요. 저는 여기에 붙을 줄 알았는데 탈락하고 말았어요. 이제 제가 뭘 해야 하는지, 뭘 할 수 있을지 모르겠어요. 막막해요."

"그래, 막막하겠다. 그러면 우리가 할 수 있는 것이 무엇일지 같이 생각해 보자!"

"먼저 MD의 직무 내용을 다시 나열해 볼까?"

● 소비자의 구매 패턴과 소비 유형을 파악한다.

● 소비자의 현재 또는 장래 취향을 조사·분석하여 판매 가능한 상품을 기획·개발한다.

● 시장성 있는 상품을 개발하고 개발한 상품을 생산하는 제조

업체와 매매 조건·수수료 등을 협의하고 계약을 체결한다.

● 특정 상품 및 서비스에 관한 현재의 판매 수준, 소비자의 평가 등에 관한 정보를 체계적으로 수집·분석한다.

그리고 질문했어요.

"너의 실생활에서 소비자의 구매 패턴과 소비 유형을 파악할 수 있는 방법은 뭐가 있을까?"

"너가 자주 이용하는 상점이나 브랜드를 생각해 보자."

"다른 사람에 대해 파악하기 어렵다면 너의 구매 패턴이나 소비 유형을 알아보자."

잠시 뒤 입을 열었어요.

"제가 자주 가는 마트가 있는데, 제가 생각하기에는 아주 좋은 자리이지만 관리자가 그 자리를 활용하지 못하는 것 같아서 마음에 걸렸어요."

"그래 바로 이거야!! 유명한 서포터즈 활동만이 최선이 아니야!"

"그래, 그거야! 오늘 그 마트로 가서 담당자에게 너의 의견을 말해 보자! 소비자들의 구매 패턴이나 동선에 대한 너의 생각을 제안해 보자! 이게 바로 대외 활동이고 너만의 스토리인거지!!"

이 일 이후 OO이는 개인 블로그에 소비자의 구매 패턴, 소비 유형, 각종 트렌드와 직무 내용 등을 올렸습니다.

여러분! 저는 이 사례를 통해 유명하고 거창한 것만이 대외 활동은 아니라는 점을 알려드리고 싶습니다. 여러분도 충분히 자신만의 스토리를 만들어 갈 수 있다고 믿으세요!

이렇게 앞에서 설명한 방법대로 '나만의 직무 기술서'를 작성해 본 학생들은

"왜 선생님이 이 직무를 추천해 주셨는지 알겠어요."

"선생님이 주신 직무 기술서를 기준으로 보니까 이제 제가 뭘 해야 되는지 알겠어요."

"직무에 확신이 생겼어요."

라고 이야기합니다.

대학교 2학년 겨울 방학 진로 스터디 활동으로 만난 학생이 있었어요. 전기공학 전공자였는데, 전기공학 전공자라면 누구나 꿈꾸는 한국전력공사 입사를 준비하고 있었습니다.

문제는 방향은 있는데, 그곳이 어떤 곳인지 대략만 알 뿐 어떤 직무가 있는지 무엇을 준비해야 하는지도 모르고 있었지요.

그래서 직무 조사 상담부터 진행했는데 팀원 중 가장 성실하게 해오는 것을 보고 '이 친구는 잘 되겠다.' 하고 생각했었죠. 그렇게

한전 KPS 인턴, 한국전력기술공사 윈터 캠프 등 다양한 직무 관련 활동들을 하고, 그것을 기반으로 한국수력원자력공사에 서류 통과했다는 소식을 접할 수 있었습니다.

다음은 직무 조사를 통해 작성된 이 친구의 자기 소개서입니다.

1단계 자기 이해 + 2단계 직무 이해를 거친 자기 소개서

한국전력공사의 4 가지 인재상 중 본인과 가장 부합된다고 생각하는 인재상을 두 가지 선택하여 그렇게 생각하는 이유를 본인의 가치관과 연계하여 교육 사항, 경험/경력 등 구체적인 사례를 들어 기술하여 주십시오. 도전, 기업가, 통섭, 가치 창조??

671/700 (글자 수, 공백 포함)

하나라도 더 성취하려고 발버둥치는!

소속된 기관과 업무에 대한 책임감 있는 일처리와 다양한 대학 및 학과의 동료들과 '소외된 이웃을 위한 창의 융합 설계 아카데미'라는 본선 대회에서 팀워크 우수상을 수상한 경험을 돌이켜보았을 때 저는 한국전력공사의 인재상 중 기업가형 및 통섭형 인재에 부합된다고 생각됩니다.

학부 연구생 시절, 전력계통 해석 프로그램 'Emtp-ATP' 업그레이드 연구에 참여한 적이 있는데, 이 연구의 목적은 알고 있었지만 어떤 방법으로 목적을 이루어야 하는지 난감한 상황이었습니다. 이런 상황에서 석/박사 선배분들께 조언을 구하고 배운 과목에서 힌트를 얻어 알고리즘을 발견 적용할 수 있었습니다. 이때 저는 기사 시험, 중간 고사, 졸업 작품 등을 준비하고 있었기에 심신이 힘들었지만 돌아올 성취감과 만족감을 생각하며 주인 의식을 가지고 행할 수 있었습니다.

덧붙여 설계 아카데미에서는 '라오스 내 소수력발전 설계'라는 주제를 가지고 4인 1팀으로 2박 3일을 진행했는데, 2일 차 때 멘토 피드백이 쏟아져 나오며 업무량이 많아졌고 최대한 좋은 결과물을 만들기 위해 한마음으로 밤새 작업하였습니다.

평소 어떤 활동을 하더라도 그 활동의 목적 외 그 활동에서 가져갈 저만의 목표를 설정하고 성취해나가는 것을 가치 있게 생각한다는 것을 다시 한 번 깨달은 경험이었습니다.

한국전력공사에 지원하게 된 동기, 입사 후 희망하는 직무와 직무 수행을 위한 역량 개발(교육, 경험, 경력 등) 노력을 작성해 주십시오. 그리고 최근 한국전력공사의 이슈 1 가지에 대해 본인의 견해와 해당 이슈에 대해 본인이 기여할 수 있는 사항을 연계하여 구체적으로 기술하여 주십시오.

638/700 (글자 수, 공백 포함)

학술대회에서 만난 ADMS의 매력

상대적으로 수월하게 학습하는 저를 보면서 '전기 분야가 잘 맞다.'라는 것을 느꼈습니다. 2학년 겨울 방학 때는 진로 스터디를 통해 다양한 전기관련 회사와 직무에 대해 조사하면서 한국전력공사에 지원하고자 꿈을 꾸게 되었습니다.

그중 한국전력공사에 지원하게 된 결정적인 동기는 4학년 1학기, 학부연구생으로 대한전기학회 하계학술대회에 참가하여 한국전력공사의 기술 개발 동향 중 ADMS(차세대 배전 지능화 시스템)에 대해 알게 되면서 입니다.

평소 영상을 통해 한국전력공사가 1세대 DAS에서부터 현재 2세대 DMS를 사용하고 있는 것으로 알고 있는데, 기존 배전 시스템은 다소 단순하고 단조롭게 느껴진 반면, 학술대회에서 본 ADMS는 GUI의 정확도를 높였고 UI 및 배전 계통 추정을 쉽고 효율적으로 운전할 수 있도록 하여 관리의 편의성을 도모했다고 봅니다.

이 부분에서 입사 후 제가 기여할 수 있는 사항은 첫 번째, 정확도가 높아진 GUI를 통해 전기 공사 시 더 실제적인 계획을 세울 수 있고 점검 절차서를 작성할 수 있다고 봅니다. 두 번째, 비교적 신속하게 기술 동향에 대해 접했음으로 실제 기술이 도입되었을 때 시스템에 대한 높은 이해도로 업무에 잘 적응할 수 있을 거라고 생각합니다.

다른 사람들과 함께 일을 했던 경험에 대해 설명하고, 팀의 목표를 달성하는 과정에서 팀원들과 의견 차이를 보였던 사례와 갈등을 해결하기 위해 기울인 노력과 방법, 결과를 구체적으로 서술해 주십시오.

572/600 (글자 수, 공백 포함)

흔들리지 않을 수 있었던 비결은 주제 홀딩

캡스톤디자인대회에서 시각장애인을 위한 버스 탑승 위치 안내 점자 기구를 주제로 9인 1 팀이 작업을 하게 되었습니다. 조장이었던 저는 코로나로 인해 비대면 회의로 팀을 리드하기 어려울 것으로 생각되어 코팅팀 3명, 회로제작팀 5명으로 나뉘어진 두 팀이 모이는 날에 함께하며 조를 리드했는데 거의 다 만들었다고 생각한 때에 갈등이 발생했고, 두 팀은 서로 자신들이 더 많은 일을 해야 할까봐 눈치를 보고 있는 상황이었습니다.

이에 "합의점을 찾기 위해 서로 의견을 제시하면 충분히 조율할 수 있다."고 말하며, 코드팀도 전면 수정이 아닌 약간의 수정을 거치고 회로제작팀도 아크릴 판이나 3D 설계 등 구조적으로 고정을 시도하면서 서로 양보하여 일한 결과, 오작동을 해결하고 대회에 출품할 수 있게 되었습니다.

조원이 많다 보니 주제에서 벗어나거나 비현실적인 의견이 나올 때도 있었습니다만, 주제 홀딩을 통해 현재 중요시해야 하는 것! 예를 들어 제작 목적, 시간, 비용 등에 맞게 나아갈 수 있도록 신경썼고 앞으로 공사에서 일을 할 때에도 이를 잊지 않고 실천하려고 합니다.

이처럼 1단계 자기 이해를 거쳐 직무를 추천받습니다. 추천받은 직무가 자신에게 알맞은지, 그 직무는 무엇을 하는 직무인지 확인합니다. 나만의 직무 기술서를 채워보고 확신이 듭니다. 아직도 확신이 없다면 컨설턴트와 상담을 통해 다른 직무를 추천받습니다. 확신이 드는 직무가 있다면 어떤 산업, 기업에 그 직무가 있는지 3단계로 넘어갈 수 있습니다. 그리고 확신이 드는 직무와 관련된 대외 활동이 있으면 지원해 볼 수 있습니다. 이 학생의 사례처럼!

여기까지 이해하셨다면 이제 3단계 목표 설정은 어떻게 해야 하는지로 넘어가 볼까요?

3

프로세스 3단계

목표 설정

set goals

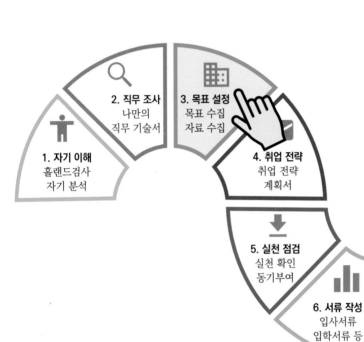

2. 직무 조사
나만의
직무 기술서

3. 목표 설정
목표 수집
자료 수집

1. 자기 이해
홀랜드검사
자기 분석

4. 취업 전략
취업 전략
계획서

5. 실천 점검
실천 확인
동기부여

6. 서류 작성
입사서류
입학서류 등

7. 면접 준비
인성, 직무, 외국어
PT, 토론 등

2 단계 직무 조사 단계에서 직무에 대한 확신을 얻었다면 3단
계 목표 설정 단계에서는 선정된 직무가 어떤 기업·산업에
있는지 조사하고, 기업·산업 등에 관련된 이슈나 정보를 스크랩하
고 관리해 나가는 단계입니다.

보시는 바와 같이 채용 시 10명 중 3명이 묻지마 지원자로, 어느
기업에 내도 무방한 자기 소개서를 제출하고 있습니다. 직무 및 기

업에 대한 이해 부족은 취업 탈락문을 가깝게 만들죠!

신입 사원 중 약 30%가 조기 퇴사하는 이유가 직무가 맞지 않아서라고 하니, 사회적인 비용 또한 만만치 않아 보입니다. 또다시 취업 준비를 한다고 생각해 보십시오. 그럼에도 불구하고 퇴사를 한다는 말인데, 오죽 힘들었으면 그랬을까? '첫 단추부터 잘 끼웠다면!' 하는 안타까움이 절로 듭니다.

컨설팅 장면에서도 느꼈지만 실제 취업 준비생의 약 44%가 졸업을 앞두고도 자신에게 알맞은 직무를 결정하지 못한 채 불안한 마음에 불필요한 스펙을 쌓고 있었습니다.

"선배한테 물어보니까 이 정도는 기본으로 준비해 두어야 한대요."

"주변에 친구들이 다 한국사, 컴퓨터 활용 능력 자격증 정도는 가지고 있는 것 같아서요."

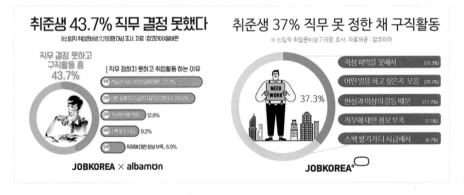

그래서 물어봅니다.

"그 자격증을 왜 취득했어요?"

"본인이 희망하는 직무에 얼마나 연관이 있다고 생각하세요?"

이런 질문에 답을 못합니다. 전형적인 카더라 취업 준비인 셈이지요.

이 책을 읽고 계신 여러분이라면 무엇이 문제인지 아시겠지요? 1단계 자기 이해, 2단계 직무 조사를 거치지 않았기 때문입니다. 다시 한 번 이전 단계들의 중요성을 깨닫게 됩니다.

취업 준비 3단계 목표 설정에서는 이전 단계를 마쳤다고 가정하고 우리가 할 일을 정리해 보겠습니다. "나를 알고 직무를 알았으니까 내가 갈 곳에 대해 알아보자."입니다.

앞서 유통 MD가 되고 싶은 OO이가 있었지요. OO이는 과연 3

단계 목표 설정에서 무엇을 준비해야 할까요? OO이는 먼저 자신이 알고 있는 회사를 찾아보았습니다. 국내의 대표적인 유통 회사로 신세계, 현대, 애경 그룹 등이 생각났어요. 일단 그 회사들의 채용 공고를 검색해 봤어요. 그리고 회사 채용 사이트도 들어가 봤어요. 그런데 그 다음은 어떻게 해야 할지 모르겠다고 하네요.

먼저 국내·외 유통회사를 최대한 많이 찾아봅니다.

예를 들어 구글 검색 창에 '글로벌 유통회사 순위', '글로벌 유통
기업', '국내 유통회사 순위', '국내 유통기업'이라고 검색해 봅니다.
글로벌 유통이라고만 검색해도 이렇게 나옵니다. 본인이 희망하는
유통 분야에 어떤 기업들이 상위권에 위치하고 있는지 유통업계의
생태계를 대략 확인해 봅니다.

다음으로는 네이버 검색 창에 자신이 선호하는 유통 회사를 검
색해 봅니다. 예를 들어 '신세계'라고 해 보겠습니다. 거기서 나이스
기업정보 더보기를 눌러서 들어가 봅니다.

여기서 연관 기업을 확인할 수 있습니다. 협력사와 경쟁사가 보
이죠?

또한 산업 내 위치가 보입니다. 규모와 수익성에서 최상위를 차

N 신세계

통합 뉴스 VIEW 이미지 지식iN 인플루언서 동영상 쇼핑 어학사전 지도 ...

(주)신세계 [채용중]
도매 및 소매업

[전체] 기본정보 | 사업 | 재무 | 비재무 | 연봉 | 채용/팁 | 함께 찾은 기업

기본정보

대표자	손영식
기업구분	신세계 계열사, 코스피 상장
업종	백화점
제품/사업	백화점,할인점(E마트)

SHINSEGAE

NICE 기업정보 더보기 [N 우가]

동사는 1955년 동화백화점으로 설립되어 1985년 유가증권시장에 상장되어 매매가 개시됨. 사업 영역은 백화점사업, 패션 및 라이프스타일, 화장품 제조 및 도소매사업, 면세점사업, 부동산 및 여객터미널업, 관광호텔업, 가구소매업으로, 영상컨텐즈사업, 벤처캐피탈사업으로 세분화 됨. 신세계센트럴시티, 신세계동대구복... 더보기

🏠 공식홈   ↗ 길찾기

정보오류 수정요청   기업정보 안내 ⓘ

사업분야   →

면세점사업	백화점	패션 및 라이프스타일 화장품 제조 및 도소매	기타
신세계디에프, 신세계디에프글로벌 외	신세계, 신세계동대구복합환승센터	신세계인터내셔날, 신세계톰보이 외	신세계센트 서울고속
39.9%	30.3%	21.8%	4.5%

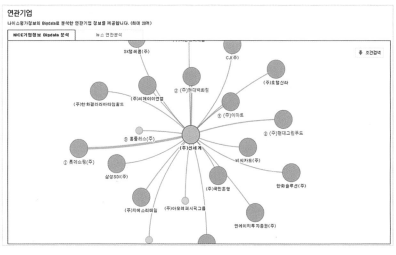

지하고 있습니다. 이 부분은 회사 지원 동기를 쓸 때도 유용합니다. 예를 들어 "나이스 기업 정보에서 조사해 본 결과, 규모와 수익성에서 최상위 위치를 차지할 만큼 비전 있는 회사라고 생각되어 지원하게 되었습니다."라고 말할 수 있겠지요.

여기서 끝이 아닙니다. 국내 유통 산업에서 최근 3년 내 3, 4위

경쟁현황

소속산업 현황

산업명	백화점(G47111)
평가기준일	2022.06
산업평가 종합등급	5
여신정책	선별확대

산업의 종합전망이 보통이며 경제여건 및 환경악화에 따라 비교적 사업환경의 변화 영향은 적으며 일정 수준의 규모를 유지하는 산업임.

산업 내 위치

활동성: 최하위 / 수익성: 최상위 / 안정성: 중위 / 성장성: 중위 / 규모: 최상위

산업내 경쟁분석

(산율시점 기준년월: 2021년 09월)

구분	기업명	2021 매출액(천원)	순위	2020 매출액(천원)	순위	2019 매출액(천원)	순위
-	산업평균	749,401,672	-	741,789,718	-	684,795,697	-
-	조회대상기업	1,671,594,565	3	1,459,802,056	4	1,557,606,955	3
1	롯데쇼핑(주)	8,408,202,994	1	8,708,083,759	1	9,695,325,161	1
2	(주)이랜드리테일	1,724,894,914	2	1,756,484,270	2	2,112,258,949	2
3	(주)신세계	1,671,594,565	3	1,459,802,056	4	1,557,606,955	3
4	(주)현대그린푸드	1,671,200,575	4	1,512,503,414	3	1,542,730,568	4
5	(주)현대백화점	1,512,060,769	5	1,245,062,784	5	1,385,243,797	5
6	한무쇼핑(주)	591,112,866	6	505,370,223	6	549,849,821	6
7	(주)신세계동대구복합환승센터	235,498,064	7	173,684,217	9	191,314,526	10
8	에이케이에스앤디(주)	226,725,424	8	213,099,753	8	248,724,703	8
9	(주)광주신세계	169,971,621	9	147,508,454	10	154,879,496	13
10	(주)한화갤러리아타임월드	140,431,532	10	133,730,390	13	142,433,417	14

를 꾸준히 해오고 있습니다. 국내 10대 유통 기업들의 순위가 보입니다. 이 말은 무엇입니까? 유통 MD로서 이 회사에 다 지원해 볼 수 있다는 말입니다.

2단계 직무 조사에서 소개해 드렸듯이 유통 관련 협회에도 들어가 봅니다. 협회 사이트 내 회원사 카테고리에 들어가 보면 대기업, 중견기업, 중소기업 등 유통 분야에서 활발하게 활동하는 기업들도 체크해 볼 수 있습니다.

이렇게 유통 MD로서 내가 갈 수 있는 회사, 가고 싶은 회사 등을 조사해 보았습니다. 이제부터는 지원을 희망하는 회사별 취업 준비를 위해 각종 데이터를 수집하고 관리해야 합니다. 최소한 5~10개 기업별 폴더를 만듭니다. 그래야 취업 전략을 세울 때 기준이 서기 때문입니다. 물론 컴퓨터에 기업별 폴더를 만들어 관리해도 좋고, 구글 문서나 노션 등을 통해 관리해도 좋습니다. 자신이 관리하기 편한 방법을 선택하세요.

그리고 다음과 같은 내용들을 관리하세요.

- 최근 3년 이내 채용 공고 (자격 요건, 우대 요건, 채용 프로세스 등)
- 취업 후기 (자기 소개서 질문, 면접 질문, 현직자 만족도 등)
- 이슈 (산업, 기업, 기술 등)

이를 위해

첫 번째, 취업 희망 기업별 채용 공고를 확인합니다. 너무 기본이지만 이조차도 활용하지 못하는 분들이 많았습니다. 예를 들어 채용 공고에 나오는 업무 내용, 자격 요건 등을 잘 확인해야 4단계 취업 전략을 잘 세우고 서류, 면접에서도 준비된 직무 내용을 잘 어필할 수 있습니다. 그 외에도 자기 소개서를 미리 살펴보고 그에 알맞은 경험을 쌓거나 작성해 보면서 어떤 부분이 더 보완되어야 할지 파악해 볼 수 있습니다. 기업의 채용 공고는 희망하는 기업 채용 사이트나 취업 포털 사이트에 들어가면 있지만, 보통은 현재 진행 중인 채용 외에는 게재하지 않기 때문에 저는 구글을 통해 최근 1~2년 사이 해당 기업의 채용 공고를 찾아봅니다.

두 번째, 잡플래닛, 블라인드 사이트 등을 통해 취업 후기를 찾아봅니다.

비슷한 것 같지만 합격자의 수준이나 내용을 파악해둠으로써 현실적으로 어느 정도의 어학 실력과 활동 사항 등으로 합격했는지 가늠해 볼 수 있습니다. 거기서 힌트를 얻어 취업 전략을 세워볼 수도 있습니다. 그리고 현직자들의 취업 후기를 통해 기업 및 직무에 대한 상황과 만족도를 파악해 볼 수 있습니다.

하지만 현직자 후기를 너무 맹신해서 '그 기업은 별로래. 가면 엄청 고생한대.'라고 편견을 가지는 것은 지양하셨으면 좋겠습니다. 그 현직자에게는 별로였지만, 가치나 성향에 따라서 나에게는 잘 맞는 곳일지도 모르잖아요.

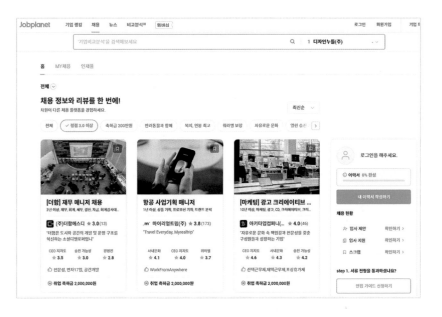

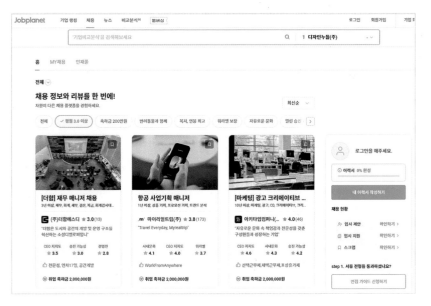

세 번째, 기업이나 산업의 이슈는 철강협회, 반도체협회, 금융 연합회 등을 찾아보거나 네이버 금융 카테고리 내 해당 기업·산 업의 이슈를 검색합니다. 이 외에도 금융감독원이 관리하는 전자 공시 시스템인 일명 '다트' 사이트에 가서 사업 보고서를 보기도 합니다.

이슈 조사는 반드시 해야 하지만 그만큼 시간이 많이 걸리는 일 입니다. 왜냐하면 해당 기업·산업에 관련된 흐름을 파악해야 하기 때문입니다. 물론 모든 자료를 무료로 활용할 수 있으면 좋겠지만, 광대한 자료를 준비하기에 시간과 여력이 없다면 유료 사이트도 활

용할 수 있습니다.

저 또한 기업 분석, 산업 분석 사이트를 유료로 이용했습니다.

사이트마다 장·단점이 있습니다. 유료 사이트를 언급하기가 조심스

럽지만 실제 제가 활용하면서 잡이룸 사이트는 내용이 풍부해서 좋

앗지만, 큰 기업이나 기관 위주로 되어 있는 점은 불만이었습니다. 그래서 중소·중견 기업을 준비하시는 분들에게는 해당 사이트가 유용하지 않다고 생각합니다.

중소·중견 기업에 대한 내용이 별로 없더라도 그 산업 내 대기업이나 기관에 대해 알고 있는 것은 중요합니다. 중소·중견 기업도 그 흐름을 따라가게 되어 있기 때문에 꼭 해당 기업에 대한 내용이 없더라도 그 산업 분야에서 선도하는 기업에 대한 정보라면 참고하면 좋을 겁니다.

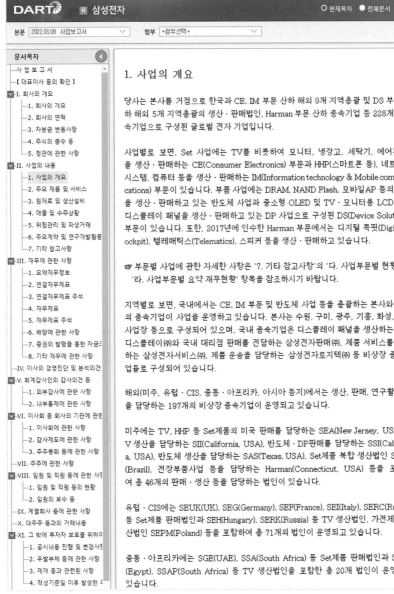

1. 사업의 개요

당사는 본사를 거점으로 한국과 CE, IM 부문 산하 해외 9개 지역총괄 및 DS 부문 산하 해외 5개 지역총괄의 생산·판매법인, Harman 부문 산하 종속기업 등 228개의 종속기업으로 구성된 글로벌 전자 기업입니다.

사업별로 보면, Set 사업에는 TV를 비롯하여 모니터, 냉장고, 세탁기, 에어컨 등을 생산·판매하는 CE(Consumer Electronics) 부문과 HHP(스마트폰 등), 네트워크 시스템, 컴퓨터 등을 생산·판매하는 IM(Information technology & Mobile communications) 부문이 있습니다. 부품 사업에는 DRAM, NAND Flash, 모바일AP 등의 제품을 생산·판매하고 있는 반도체 사업과 중소형 OLED 및 TV·모니터용 LCD 등의 디스플레이 패널을 생산·판매하고 있는 DP 사업으로 구성된 DS(Device Solutions) 부문이 있습니다. 또한, 2017년에 인수한 Harman 부문에서는 디지털 콕핏(Digital Cockpit), 텔레매틱스(Telematics), 스피커 등을 생산·판매하고 있습니다.

☞ 부문별 사업에 관한 자세한 사항은 '7. 기타 참고사항'의 '다. 사업부문별 현황'과 '라. 사업부문별 요약 재무현황' 항목을 참조하시기 바랍니다.

지역별로 보면, 국내에서는 CE, IM 부문 및 반도체 사업 등을 총괄하는 본사와 31개의 종속기업이 사업을 운영하고 있습니다. 본사는 수원, 구미, 광주, 기흥, 화성, 평택 사업장 등으로 구성되어 있으며, 국내 종속기업은 디스플레이 패널을 생산하는 삼성디스플레이㈜와 국내 대리점 판매를 전담하는 삼성전자판매㈜, 제품 서비스를 담당하는 삼성전자서비스㈜, 제품 운송을 담당하는 삼성전자로지텍㈜ 등 비상장 종속기업들로 구성되어 있습니다.

해외(미주, 유럽·CIS, 중동·아프리카, 아시아 등지)에서는 생산, 판매, 연구활동 등을 담당하는 197개의 비상장 종속기업이 운영되고 있습니다.

미주에는 TV, HHP 등 Set제품의 미국 판매를 담당하는 SEA(New Jersey, USA), TV 생산을 담당하는 SII(California, USA), 반도체·DP판매를 담당하는 SSI(California, USA), 반도체 생산을 담당하는 SAS(Texas, USA), Set제품 복합 생산법인 SEDA(Brazil), 전장부품사업 등을 담당하는 Harman(Connecticut, USA) 등을 포함하여 총 46개의 판매·생산 등을 담당하는 법인이 있습니다.

유럽·CIS에는 SEUK(UK), SEG(Germany), SEF(France), SEI(Italy), SERC(Russia) 등 Set제품 판매법인과 SEH(Hungary), SERK(Russia) 등 TV 생산법인, 가전제품 생산법인인 SEPM(Poland) 등을 포함하여 총 71개의 법인이 운영되고 있습니다.

중동·아프리카에는 SGE(UAE), SSA(South Africa) 등 Set제품 판매법인과 SEEG(Egypt), SSAP(South Africa) 등 TV 생산법인을 포함한 총 20개 법인이 운영되고 있습니다.

취업 준비 3단계 목표 설정은 목표 설정 후 자신이 목표로 하는 기업에 대해 무엇을 어떻게 준비해야 하는지 알아보는 단계였습니다. 이 단계를 통해 서류, 면접에서 직무 준비를 잘했다는 인상을 줄 수 있을 것입니다.

자, 그렇다면 이제 목표에 따른 취업 전략을 세우러 한번 가볼까요?

프로세스 4단계

취업 전략

employment strategy

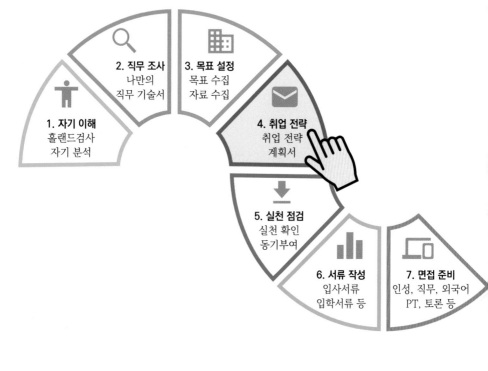

2. 직무 조사
나만의
직무 기술서

3. 목표 설정
목표 수집
자료 수집

1. 자기 이해
홀랜드검사
자기 분석

4. 취업 전략
취업 전략
계획서

5. 실천 점검
실천 확인
동기부여

6. 서류 작성
입사서류
입학서류 등

7. 면접 준비
인성, 직무, 외국어
PT, 토론 등

1, 2, 3단계를 통해 취업 희망 기업(목표)을 찾았다면 이제부터는 그 목표를 달성하기 위한 취업 전략을 수립해야 합니다.

앞서 2단계 직무 조사에서 완성한 '나만의 직무 기술서'와 3단계 목표 설정 후 희망 기업과 관련된 정보들을 토대로 전략을 세울 거예요.

앞서 유통 MD를 꿈꾸던 학생은 1단계 자기 이해를 통해 MD를 추천받았고, 2단계 직무 조사를 통해 직무를 이해했습니다. 3단계 그 직무가 어떤 기업에 있는지 확인하고, 그 산업, 기업, 이슈를 확인했습니다. 이처럼 앞 단계에서 수집한 자료를 토대로 전략을 수립하기 위해서는 현재 상태를 파악해야 합니다.

당시 학생의 상태는 이러했습니다.

● 대학교 3학년 1학기

● 학점 3.7

● 어학 토익 800이 안 됨.

● 교내 동아리 활동 있음.

그냥 무난합니다. 이제부터라도 특별함을 더해 볼까요?

MD의 자격 요건은 이러합니다.

[패션] 2022 하반기 신입공채 (온라인MD)

＼모집분야 및 자격요건

온라인MD	**담당업무** · 온라인 전략상품, 컨텐츠 및 매출 전략을 수립하고 실행 · 브랜드·채널별 데이터에 기반하여 인사이트를 도출하고 전략을 수립 · 목표·매출·이익관리 및 재고관리를 위해 판매 데이터를 분석 **자격요건** · 소호몰 창업 통해 이커머스 전체 프로세스를 돌려 본 경험이 있는 분 · 지원 브랜드 캐리오버 상품이 어떠해야 하는지 바로 제안할 수 있는 분 · 지원 브랜드 브랜딩과 매출을 성장시킬 플랫폼이 어딘지 설명할 수 있는 분

MD 직무에 대해 워크넷과 NCS에서 조사한 바는 이러합니다.

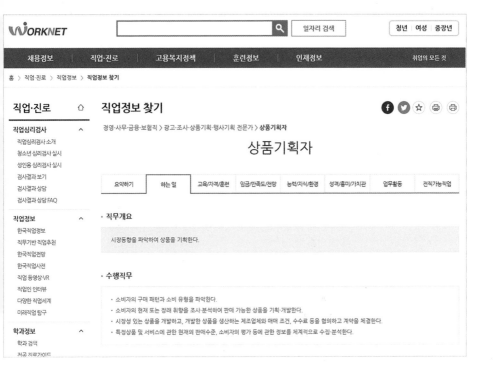

신세계 채용 사이트에서 신세계 인터내셔날 직무 소개로 들어가서 직무 내용을 한 번 더 확인합니다.

이 학생은 패션/라이프스타일 상품 기획 MD에 관심이 있습니다. 친절하게도 요즘은 대기업을 중심으로 직무 소개가 잘되어 있는 곳이 많습니다. 중소·중견 기업에도 그 직무의 기본 내용은 비슷합니다. 그러니 대기업 직무 소개를 참고해 보는 것도 좋습니다.

중소기업유통센터 NCS 기반 채용 직무 설명 자료 : 백화점 MD

채용분야	대분류	중분류	소분류	세분류
	10. 영업판매	01. 영업	01. 일반·해외영업	01. 일반영업
기관 주요사업	○ 백화점사업, 홈쇼핑사업, 마케팅지원사업, 온라인사업 등을 통해 우수 중소기업 및 소상공인의 판로개척을 지원하고 공정하고 건강한 유통생태계 구축			
직무수행 내용	○ (백화점 등 지원사업) 행복한백화점 운영 및 판매 지원 ○ 백화점 신규브랜드 발굴 및 입점지원 ○ 온·오프라인 유통영업전략 수립 및 MD 관련 전반			
필요 지식	○ 고객 세분화 지식, 마케팅 전략기획, 기간별 목표 성과 분석 ○ 영업 목표에 대한 이해, 영업 성과지표, 보고서 작성 ○ 시장환경 이해, 소비자 트렌드 이해, 정보수집 및 분석, 상품화 계획, 판매 및 촉진계획			
필요 기술	○ 목표고객 설정능력, 보고서 작성기술, 상품의 특징에 따른 이슈 분류 기술 ○ 손익목표 수립 능력, 주요 정보 정리 기술, 주요 정보 파악 및 정리기술 ○ 시장환경, 고객트렌드에 따라 상품화 기획 기술			
직무수행 태도	○ 시장환경 및 고객트렌드 등에 따라 상품을 전략적으로 기획·발굴하려는 자세, 종합적으로 영업전략과 세부계획의 타당성을 검토하려는 자세, 경쟁사의 전략 및 특징으로부터 벤치마킹 하려는 자세, 설정된 영업 목표의 실현 가능성을 지속적으로 확인 검토하려는 자세, 전략적 관점에서 바라보는 태도 등			
작업 기초능력	○ 의사소통능력, 문제해결능력, 자원관리능력, 대인관계능력, 정보능력, 조직이해능력, 직업윤리			
관련 필요자격	○ 백화점·아울렛 복합쇼핑몰에서 MD 실무경력 2년 이상			
참고	○ 국가직무능력표준 홈페이지(www.ncs.go.kr) ○ 위 직무 기술서는 중소기업유통센터의 채용과 관련된 대표적 NCS를 일부 선정하여 작성되었습니다. 기관의 주요사업 변경 등 내·외부 상황에 따라 변경될 수 있음을 양지하여 주시기 바랍니다.			

1802010112_20V3	패션상품 상품 기획

진단영역	진단문항	전혀 그렇지 않다	그렇지 않은 편이다	보통 이다	다소 그런 편이다	매우 그렇다
아이템 기획하기	1. 나는 트렌드 정보에 따라 주요 아이템을 결정할 수 있다.					
	2. 나는 소재 특징에 따라 아이템별 디자인을 할 수 있다.					
	3. 나는 브랜드 시즌전략 방향에 따라 주요 아이템별 스타일수를 결정할 수 있다.					
	4. 나는 전년도 판매 분석에 따라 전략 상품을 계획할 수 있다.					
	5. 나는 브랜드의 정책에 따라 상품구성을 계획할 수 있다.					
월별 출고상품 구성하기	1. 나는 전년도 출고자료를 바탕으로 월별 아이템을 구성할 수 있다.					
	2. 나는 월별 매출계획에 따라 월별 아이템을 계획할 수 있다.					
	3. 나는 월별 행사에 판매를 극대화기 위하여 전략 아이템을 계획할 수 있다.					
예상 판매가 제안하기	1. 나는 원가와 마진율에 따른 예상판매 가격을 결정할 수 있다.					
	2. 나는 최적 가격 결정을 위한 경쟁사 가격을 조사할 수 있다.					
	3. 나는 매출 극대화를 위한 원가 절감 방법을 모색할 수 있다.					
	4. 나는 예상판매가와 경쟁사 가격에 따른 최종 판매가를 결정할 수 있다.					

구분	직무	세부 직무	전공	근무지역
전사공통	영업/MD	영업관리, 기획MD	전공무관	서울시 강남구
	이커머스	서비스기획, 온라인MD		
	데이터	데이터사이언티스트		
	지원	경영관리		
코스메틱		Operation&Marketing, 상품개발		

* 전사부문 상경계 우대, 코스메틱부문 이공계 우대

모집내용

※ 자세한 직무소개는 [회사별 소개] > [신세계인터내셔날] > [직무소개] 에서 확인하시기 바랍니다.
※ 입사지원서를 작성하실 때 자기소개서 2번 항목에 본인이 희망하는 상세직무를 선택하여 작성하십시오.

지원 자격

- 학사학위 이상 기졸업 또는 2023년 2월 졸업 예정인 분 (2023년 8월 졸업 예정자도 지원 가능)
- 병역필 또는 면제자로 해외여행에 결격사유가 없는 분
- 국가 보훈 대상자 및 장애인 등은 관련 법령 의거 우대합니다.
- 지원서의 내용이 사실과 다를 경우, 합격(입사)이 취소될 수 있습니다.

　MD는 크게 5가지 직무를 수행합니다. 그것은 정보 분석, 물량 계획 및 운영, 스케줄 관리, 원가 관리, QR진행입니다.

　정보 분석 부분에서는 시장 및 소비자를 분석할 수 있도록 지식, 스킬, 활동 등을 쌓을 필요가 있겠지요. 물량 계획 및 운영 부분에서는 판매율이 높을 만한 아이템을 선정하고 적당한 물량 계획을 세울 수 있어야 하겠네요. 스케줄 관리 부분에서는 소비자들이 원하는 시기에 입·출고되고 공급될 수 있도록 공부가 필요하고요. 원가 관리 부문에서는 단가와 합리적인 판매가 등을 계산하고 결정할 수 있어야 하겠습니다. QR진행 부문은 상품의 반응을 체크하여 리오더를 결정하고, 판매된 후에 소비자 목소리를 수렴하여 개선 사항을 도출할 수 있어야 하겠습니다.

o Brand Management | 패션/라이프스타일
[Operation & Buying(해외브랜드)] [상품기획MD] [영업관리]

직무내용

Merchandiser는 최고의 품질과 디자인우수상품을 개발하여, 합리적인 가격으로 소비자가 원하는 시기에 제품을 공급하여 이익을 극대화하는 상품기획 업무를 합니다. 크게 정보분석, 물량계획 및 운영, 스케줄관리, 원가관리, QR진행 등의 업무를 진행합니다.

1) 정보분석: 시장 및 패션TREND 분석, 소비자 성향분석, 판매실적 분석 등 각종 정보분석을 통하여 소비자가 만족할 수 있는 상품을 기획하고 선정합니다.

2) 물량계획 및 운영: 2주 간격으로 진행되는 품평회를 통하여 우수한 디자인을 선정하고 ITEM별, COLOR별 판매수량을 결정합니다.

3) 스케줄 관리: "Q.C출고, 입고->패턴수정->GRADING->MAIN투입"의 스케줄을 총괄 관리하여 소비자들이 원하는 시기에 제품을 공급할 수 있도록 합니다.

4) 원가 관리: 원자재 업체, 환사입 업체와의 단가 NEGO를 통해 원가와 배수를 관리하여 목표수익달성과 합리적인 판매가를 결정합니다.

5) QR진행: 출고된 상품의 반응도를 체크하여 리오더 상품 및 수량을 선정합니다. 또한 판매 사후 소비자 불만사항을 수렴 후 개선 할 수 있도록 합니다.

업무에 필요한 자질 및 역량

1) 기획력 및 꼼꼼함: 기획단계부터 판매단계까지 모든 부분을 계속 체크하는 꼼꼼함은 MD의 기본자세 입니다.

2) 빠르고 정확한 판단력과 분석력: 과거 데이터를 기반으로 미래를 예측하고 다양하게 발생되는 상황에 유연하게 대처할 수 있어야 합니다.

3) 수치/계수감각: 이익의 극대화 하는 것이 MD의 최종 목표이고, 매출선정, 수량결정, 가격산정, 원가관리 등이 중요 업무이기 때문에 누구보다 숫자에 민감해야 합니다.

4) 커뮤니케이션 능력: 일을 진행하고 스케줄을 관리하는데 있어 많은 협력업체를 핸드링 하여야 하며 타 부서 사람들과의 업무 공유도 필요합니다. 이들과의 커뮤니케이션 능력 또한 중요한 MD의 자질 입니다.

하루일과

1) 오전: 전날 매출과 판매 분석을 통해 리오더를 진행할 상품이 있는지, 수정을 해야하는 상품이 있는지 확인합니다. Q/C및 가봉, 패턴수정, 수납 등의 진행상황을 체크하고 관리합니다.
소재 DELI 체크 및 제품의 납기를 체크 후 지연될 시 향후 스케줄 조정 및 대책을 강구합니다.
원단가 NEGO 및 사입 제품의 단가 NEGO를 통해 원가 및 MARK UP을 항시 조절하고 관리합니다.
수시로 각 아이템 별, 칼라 별 수량을 결정하고 가격을 책정합니다.

2) 오후: 메인 진행 상품을 투입하여 공장에서 상품을 만들 수 있도록 컬러별 사이즈 및 수량을 지정해주고, 불량원단이나 불량 상품 등, 그때그때 발생하는 사고에 발 빠르게 대처하여 효율적으로 문제를 해결합니다. 판매분석자료, REVIEW자료, 출고맵, 스케줄맵 등 전 부서가 공유할 수 있는 각종 자료를 제작합니다.

하지만 신입 MD를 지원하면서 이 모든 것을 다 경험해 보기는 힘들 겁니다. 여기서 다시 한 번 드리고 싶은 말은 거창한 대기업 서포터즈만이 활동의 다가 아니라는 점입니다.

아르바이트를 하더라도 직접 서비스를 기획하고 판매 활동을 해 봅니다. 어설프다고 생각되더라도 분석 방법을 배워서 적용해 보고, 보고서도 작성해 보고, 단가도 산출해 봅니다. 이런 것들이 다 직무 경험이지요.

업무에 필요한 자질 및 역량은 기획력, 꼼꼼함, 판단력, 분석력, 수감각, 커뮤니케이션 능력 등이에요.

여기서 말하고 싶은 것이 있습니다. MD나 영업 관리직 지원자들이 자기 소개서를 작성할 때는 거의 대부분 자신의 커뮤니케이션 능력을 어필합니다. 커뮤니케이션 능력이 중요합니다만, 제일 중요하다고 말하기는 어렵습니다. 그런데 대부분의 지원자들이 커뮤니케이션을 말하고, 그에 알맞은 사례를 적절하게 제시하고 있지 못한 실정이어서 보고 있는 저는 안타깝기만 합니다.

이왕이면 남과 다른 특별한 점을 언급해 주세요.

특별한 점이 없는데 어떻게 하지요??

그건 여러분의 생각입니다.

예를 들어 여러분만의 특별함을 찾기 위해 기획력에 대해 생각해 봅시다. '기획'이라는 단어의 사전적인 의미부터 찾아봅니다.

어학사전에서 기획력을 검색해 보니 '어떤 일을 기획하는 능력'이라고 했습니다. 그리고 기획(企劃)은 '일을 꾀하여 계획함'이고, 기획(奇劃)은 '기발한 계획'으로 설명합니다.

그러면 자신에게 물어봅니다.

- 내가 기발하게 무언가 시도해 본 적이 있는가?

- 내가 무언가 계획해 본 것은 무엇인가?

- 내가 기획해서 활동해 본 것은 무엇인가??

> **어학사전** 기획력
>
> 국어사전 단어 1-3 / 3건
>
> **기획력** (企劃力)
> [명사] 어떤 일을 기획하는 능력.
>
> **기획¹** (企劃) ★
> [명사] 일을 꾀하여 계획함.
> [유의어] 계도⁶, 계획¹, 기도¹
>
> **기획²** (奇劃)
> [명사] 기발한 계획.
> [유의어] 묘계¹, 묘방², 묘책¹

이렇게 질문하다 보면 생각나지 않았던 것도 실마리를 찾게 되는 경우가 많습니다. 다른 자질이나 역량도 마찬가지입니다. 의미를 다시 정리해 보고 스스로에게 질문해 보세요.

여기서 추가적으로 추천드릴 것이 있습니다. 함께 생각할 수 있는 말동무가 있다면 더욱 좋습니다. 혼자 생각하는 것보다 함께 생각하고 이야기를 나누다 보면 의외로 문제가 쉽게 발견될 때가 많지요. 그 점을 활용해 보세요.

이렇게 했는데도 직무에 대한 자질이나 역량이 부족하다고 느껴진다면 보완하면 됩니다. 기발한 생각으로 대학 생활 중 행사를 기획해 성과를 내는 것입니다.

학생들이 자주 하는 말 중에 어떤 활동을 해야 할지 모르겠다는 말이 있습니다. 그러나 그 부분은 자신이 지원하고 싶은 직무에 대해 제대로 분석해 보지 않아서 그렇다고 생각합니다. 그리고 한계를 지어 생각하기 때문입니다. 다른 사람에게 피해를 끼치는 도덕적·법적인 문제가 야기되는 일이 아니라면 우리는 언제든지 자유롭게 도전할 수 있습니다.

하지만 한국의 취업 준비생들은 어떠한 틀에서 벗어나는 생각과 행동에 보수적인 편이라고 생각합니다. 좀더 자유로워지세요.

하루 일과도 잘 나와 있네요. 글로도 보고 현직자 영상도 찾아보세요. 더 나아가 직접 주변에 있는 현직자와 인연이 될 수 있도록 찾는 노력을 게을리하지 마세요. 지성이면 감천이라고 하늘도 노력하는 사람에게 감동합니다. 인사 담당자도 간절한 사람에게 합격의 기쁨을 허락합니다.

지금까지 이야기한 것을 취업 전략표로 작성하면 다음과 같습니다.

목표 : 3학년 10월, 신입 MD 채용연계형 인턴 지원~4학년 졸업 전 취업!!	
어 학	3학년 여름방학, 토익 800점 이상 또는 다른 공인 어학점수 만들기
지 식	유통관리사, 물류관리사 자격 취득 및 MD 관련 책, 블로그 활동
스 킬	판매 기획, 판매 실적 관련 아르바이트 하면서 분석·실적 보고서 작성해 보기

이렇게 자신이 목표로 하는 직무를 어떤 시기에 어떤 모습으로 지원할 것인지 전략을 세워 볼 수 있습니다. 이를 자신만의 표로 정리해 볼 수도 있습니다.

나만의 직무 기술서는 어떻게 활용할 수 있을까?

처해진 환경에 따라 취업 전략을 세워본다.

다른 학생들은 어떻게 했는지 한번 볼까요?

예를 들어 생산 기술 직무를 희망하는 대학교 1학년 전자공학도 OO이는 저와의 상담을 통해 다음과 같은 취업 전략표를 만들 수 있었습니다. 1학년 때부터 4학년 때까지 지식, 스킬, 태도, 교육, 자격, 활동 면에서 어떻게 채워 나갈 것인가 작성해 보았습니다.

1학년 때는

● 지식은 반도체 산업·기업·직무에 대해 조사하기로 하였습니다.

● 기술은 방학 때 반도체 협력 회사 공장에서 아르바이트하면서 업무 프로세스를 익히기로 하였습니다.

● 태도는 워크넷 사이트에서 조사한 직무 성격에 알맞게 앞으로 자신을 다듬어가고자 하였습니다.

● 교육은 반도체 관련 이러닝을 이수하기로 하였습니다.

● 자격은 사무 능력과 같은 기초 자격 취득, 어학은 토익 600점 만들기부터 시작하기로 하였습니다.

● 활동은 반도체 산업 관련 박람회·박물관 등을 견학하기로 하였습니다.

2학년 때는

● 지식은 반도체 관련 협회, 학회, 뉴스 기사, 반도체 용어 등을 스크랩하기로 하였습니다.

● 기술은 방학 때 반도체 협력 회사 공장에서 제조 공정을 익히기로 하였습니다.

● 태도는 혁신, 분석적 사고, 성취·노력 등에 알맞은 경험에 도전하고자 하였습니다.

● 교육은 학교에서 제공하는 반도체 관련 직무 교육 등을 수료

하기로 하였습니다.

● 자격은 데이터 분석 자격을 취득, 토익 700점 만들기를 목표로 하였습니다.

● 활동은 반도체 관련 기업에서 하는 공모전, 체험 활동, 대회 등에 참가하기로 하였습니다.

3학년 때는

● 지식은 반도체 관련 기업별 기업 및 직무 조사를 해 보기로 하였습니다.

● 기술은 생산 라인 공정 설계도를 그릴 수 있을 정도로 이해도를 높이기로 하였습니다.

● 태도는 4학년 전에 채용형 인턴을 지원하고자 목표를 세웠습니다.

● 교육은 CAD, CATIA 프로그램 자격 취득, 토익 750점을 목표로 하였습니다.

● 활동은 반도체 관련 기업 인턴 및 현장 실습에 도전하고자 하였습니다.

4학년 때는

● 지식은 반도체 관련 글로벌 흐름을 파악(전 세계 원재료, 금리 등)하

기로 하였습니다.

- 기술은 그동안 경험을 토대로 자신이 어떤 기술들을 보고 듣고 할 수 있는지 정리하기로 했습니다.

- 태도는 생산 기술 직무에서 나만의 태도 강점을 찾고 스토리텔링을 해보기로 하였습니다.

- 교육은 졸업 전까지 취업 컨설팅을 꾸준히 받으면서 특장점과 스토리텔링을 이어가기로 하였습니다.

- 자격은 기본 자격 및 우대 자격 요건을 충족할 수 있도록 노력하고 토익은 800점 이상을 목표로 하였습니다.

- 활동은 반도체 관련 인턴 지원을 계속하면서 서류·면접의 감을 익히기로 하였습니다.

이처럼 대학 생활 설계가 되어 있는 학생과 그렇지 않은 학생의 졸업 후 결과는 어떠할까요? 이렇게 대학 생활을 잘 설계한 학생만이 원하는 기업에 채용된다는 것은 아닙니다. 하지만 멀리 내다 봤을 때 직무 적응력이나 승진에도 영향을 미칠 것이며, 가까이 봤을 때는 대학 생활 내 불안하고 초조한 마음이 상대적으로 덜할 겁니다.

이런 취업 전략표도 있습니다.

구분	2월 말~3월	4월	5월	6월
지식	1. 코틀린 : 문법혼자 간단한 앱 제작 할 만큼 2. 웹 프론트엔드 : html, css, js 정도 3. 코딩테스트 연습 (백준) 4. 백엔드 지식 : 구동원리 이해하기 5. 전공관련 필기 했던거 보면서 지식 정리	1. 리액트 : 문법 2. 웹 프론트엔드, 백엔드 지식(학교수업, 클론 프로젝트 1개) 3. 코딩테스트 연습 (백준) 4. 전공관련 지식 정리	1. 웹 프론트, 백엔드 지식쌓기 2. 코딩테스트 연습 (백준) 3. 전공지식 정리 4. 리액트로 앱만들기 연습	1. 좋은 UX/UI에 대해 알아보기 2. 코딩테스트 연습 3. 리액트 좀더 배우기(리액트로 웹페이지, 앱 만드는 법) 4. 전공지식 정리 (정처기 공부했던 것) 5. 클린코드에 대해 알아보기
기술	1. 코틀린 배우면서 스마트 기기 운영기술, 구현기술 연습 2. 졸업작품 프로젝트와 개인 프로젝트 정리하면서 기능성 요구사항 상세 분석, 메뉴얼 작성기술, 요구사항 정리능력 키우기	1. 리액트 배우면서 스마트 기기 운영기술, 구현기술 연습 2. 졸업작품 프로젝트 하면서 요구사항 정리, 분석, 개발툴 활용능력 키우기	1. 리액트 배우면서 스마트 기기 운영 기술 구현기술 연습 2. 졸업작품 프로젝트 하면서 요구사항 정리, 분석, 개발툴 활용능력 키우기	1. 리액트 배우면서 스마트 기기 운영기술 구현기술 연습 2. 졸업작품 프로젝트 하면서 요구사항정리, 분석, 개발툴 활용능력 키우기
태도	1. 기술 및 도구 배우고 활용하는 태도 키우기	1. 기술 및 도구 배우고 활용하는 태도 키우기 2. 리액트 통해 신기술과 시스템에 대한 분석적 태도 키우기	1. 기술 및 도구 배우고 활용하는 태도 키우기 2. 리액트 통해 신기술과 시스템에 대한 분석적 태도 키우기	1. 기술 및 도구 배우고 활용하기 2. 리액트 통해 신기술과 시스템에 대한 분석적 태도 키우기

구분	2월 말~3월	4월	5월	6월
관련 교육	1. 학교 캡스톤 수업 2. 학교 웹프로그래밍 수업 3. 패스트캠퍼스 프론트 part5까지 수강 4. 내일배움카드 신청	1. 학교 캡스톤 수업 2. 학교 프로그래밍 수업 3. 패스트캠퍼스 프론트 part12까지 수강	1. 학교 캡스든 수업 2. 학교 웹프로그래밍 수업 3. 패스트캠퍼스 프론트 part16까지 수강	1. 학교 캡스톤 수업 2. 학교 웹 프로그래밍 수업 (학교종강 6월 21일) 3. SSAFY 준비(응용수리, 자료분석, 논리추리) 4. 패스트캠퍼스 프론트 React part2까지
관련 자격	토익 점수올리기 (700 이상 목표)	토익 점수올리기 (700 이상 목표)	토익 점수 올리기 (800 이상 목표)	JLPT, OPIC
관련 대외 활동	1. 지난 학기 모바일 프로젝트 정리하기 GitHub나 블로그에 유스케이스 다이어그램이나 그런 문서 작성?), 위치정보 보안에 대해 알아보기, 카카오에 앱 출시 관련 문의놓기 2. 보건소에 모바일 헬스케어 대상자 신청하기 3. K-스마트 헬스케어 위크 사전 신청하기, 친구한테 같이 가자고 물어보기	1. 지난 학기 모바일 프로젝트 정리해서 Github에 올리고 앱스토어 올리기 2. K-스마트 헬스케어 위크 참여 (서울 코엑스 4.20~4.22)	1. 학교 프로젝트 정리해서 포트폴리오 만들기 2. 학교 여름방학 현장실습 준비	1. 학교 여름방학 현장실습 준비, 지원 2. 〈의료헬스케어 기업의 테크 비즈니스 활성화〉〈스마트 헬스 케어 산업에서의 상호운용성 기술 및 표준 적용〉, 온라인 세미나 3. 프로젝트 정리해서 포트폴리오 만들기

4학년 컴퓨터공학도가 4학년 2학기 때 헬스케어 기업 SW 개발자가 되기 위해 전략을 세웠습니다. 자신이 취업하고자 하는 목표 시기에 알맞게 월별 전략을 세웠습니다. 월별로 무엇을 어느 정도 노력해서 어떤 수준까지 끌어올릴 것인지 말이죠.

이처럼 취업 전략은 본인이 목표로 하는 취업 시기에 따라 정하면 됩니다. 예를 들어 월별, 분기별, 반기별, 연도별로 나누어 전략을 세울 수 있습니다.

여기서 주의할 점은 자신이 처한 생활 환경, 학습 속도, 성격, 자신을 도와줄 수 있는 인적·물적 자원들, 건강 상태 등 다양한 요소를 검토한 후 자신에게 알맞게 전략을 세워야 한다는 것입니다.

1단계 자기 이해에서 학생들은 자신에 대해 알게 되었다며 기분 좋아집니다. 자신이 누구인지 몰랐는데 어떤 사람인지 알게 되어 기쁘다고 합니다. 어떤 일을 해야할지 몰라 고민했다고 합니다. 자신이 아무것도 할 수 없는 사람인 것 같아서 자존감이 많이 내려갔었다고 합니다. 하지만 이제는 자신감이 생겼다는 말이 저를 기쁘게 합니다.

2단계 직무 조사에서 나만의 직무 기술서를 작성해 보면 이때부터 취업을 수월하게 할 것 같은 학생과 취업 준비에서 고생할 것 같은 학생이 보입니다. 나만의 직무 기술서를 잘 작성해 온 학생들은

진로목표		2021 전산 직무 지원하기
2021 하반기	지식	- 전산 직무 분석, 관련 서적(웹 개발, IoT, 빅데이터, 인공지능 등) 읽기
	기술	-
	태도	- NCS, 워크넷 등 사이트에서 상세 직무 분석하기
	관련교육	- SSAFY 프로그램 개발자 교육 지원, 취업 컨설팅 받기
	관련자격	- 오픽 IM2 이상 취득 - 정보통신기사, SQL 개발자, 컴퓨터활용 1급, 한국사 2급, 워드프로세서 취득
	대외활동	- 없음
2022 상반기 플랜 A	지식	- 다양한 전산 직무 분석(NCS, 워크넷), 관련 서적 읽기, 뉴스 기사 스크랩
	기술	- SSAFY 교육으로 실무 위주 프로젝트 경험
	태도	- 다각화된 시각으로 직무분석, 미래 설계하기
	관련교육	- SSAFY 프로그램 개발자 교육, 취업 컨설팅 받기
	관련자격	- 토익 700점 이상 취득 - 정보처리기사, 한국사 1급 취득 (+한국어 능력검정 3+급)
	대외활동	- 취업 박람회, IT공모전 참가하기
2022 상반기 플랜 B	지식	- 다양한 전산 직무 분석(NCS, 워크넷), 관련 서적 읽기, 뉴스 기사 스크랩
	기술	- 휴스타, 국비지원 프로그램 개발자 교육
	태도	- 다각화된 시각으로 직무분석, 미래 설계하기
	관련교육	- 휴스타, 국비지원 프로그램 개발자 교육 지원, 취업 컨설팅 받기
	관련자격	- 토익 700점 이상 취득 - 정보처리기사, 한국사 1급 취득 (한국어 능력검정 3-급)
	대외활동	- 취업 박람회, IT공모전 참가하기 지식
2022 상반기 플랜 C	지식	- 다양한 전산 직무 분석(NCS, 워크넷 관련 서적 읽기, 뉴스 기사 스크랩
	기술	-
	태도	- 다각화된 시각으로 직무분석, 미래설계하기
	관련교육	- 취업 컨설팅 받기
	관련자격	- 토익 700점 이상 취득 - 정보처리기사, 한국사 1급 취득(+한국어 능력검정 3+급)
	대외활동	- 전산 관련 인턴 지원하기

대부분 성실하고 검색 능력이 좋습니다. 성실한 학생이 동기부여되어 실천까지 잘한다면 취업 준비에서 유리해집니다. 물론 100%는 것은 없습니다.

나만의 직무 기술서를 잘 작성해 오지 못한 학생들 중에서도 자신의 부족함을 인정하고 정보를 얻기 위해 노력하는 학생이 있습니다. 검색 능력이 부족한 것이지 의지가 부족했던 것은 아닌 분들이지요. 자신의 부족함에 대해 인정하고 노력한다면 언제든지 합격의 문은 열려 있습니다.

어떤 학생은 취업이 잘될 것 같은데 의외로 잘 풀리지 않는가 하면, 어떤 학생은 취업이 잘 안 될 것 같은데도 취업이 잘되는 학생이 있습니다. 시간이 지나고 돌아보니, 그것은 전략과 실천 의지의 차이 때문이 아닌가 하는 생각이 듭니다.

나를 알고 일을 알고 기업을 알고 그 기업 그 직무에 취업하기 위해 4단계에서는 취업 전략에 대해 생각해 보았습니다.

5단계 실천 점검에서는 실천하면서 있을 수 있는 다양한 사례들을 살펴보고, 그때그때 사용해 볼 수 있는 셀프 코칭 질문에 대해 알아보겠습니다.

5

프로세스 5단계

실천 점검

practical inspection

1. 자기 이해
홀랜드검사
자기 분석

2. 직무 조사
나만의
직무 기술서

3. 목표 설정
목표 수집
자료 수집

4. 취업 전략
취업 전략
계획서

5. 실천 점검
실천 확인
동기부여

6. 서류 작성
입사서류
입학서류 등

7. 면접 준비
인성, 직무, 외국어
PT, 토론 등

취 업 준비를 하는데 실천 점검을 말하는 컨설턴트를 보신 적 있으신가요? 저는 이 부분 또한 중요하게 생각합니다.

실천이 잘 되었다면 사람들은 모두 자신이 목표한 바를 이루고 기쁘게 살았을 것입니다. 하지만 실천의 어려움을 알기에 우리는 혼자 준비하기보다는 취업 스터디 그룹에 들어가거나 취업 컨설턴트를 찾아갑니다.

저는 취업 스터디 활동도 좋지만, 중·장기적으로 준비하게 된다면 대학교 내 취업 컨설턴트를 찾아가기를 추천합니다. 단기적으로는 국가 및 행정구역 내 기관에서 제공하는 무료 취업 컨설팅도 좋습니다. 취업 컨설팅을 한 번도 안 받아 보는 것보다 받아 보는 것이 낫고, 한 번 받은 학생보다는 여러 번 받은 학생들의 서류나 면접 준비 내용이 더 좋기 때문입니다.

'왜 이런 이야기를 하는가?' 하고 의문이 들 겁니다. 바로 실천 점검에 대해 이야기하기 위해서입니다. 주기적으로 꾸준히 취업 컨설팅을 받은 학생들은 목표에 대한 동기부여가 잘 되어 있습니다. 그래서 당연히 목표를 이루고자 하는 열망과 함께 내가 왜 이것을 공부하고 활동해야 하는지 분명히 알고 실천하게 됩니다. 그리고 지금 자신이 목표 대비 어느 지점까지 가고 있는지 확인할 수 있습니다.

그렇다면 실천 점검은 언제 어떻게 하면 좋을까요?

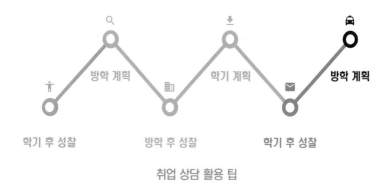

취업 상담 활용 팁

이는 가장 기본이 되는 실천 점검 시기의 예시입니다. 실천 점검을 자주 할 수도 있지만 보통은 학기별·분기별 점검을 권합니다.

새 학기 전에는 이번 학기 목표를 세우고, 학기 후에는 이번 학기를 목표한 대로 잘 실천했는지 점검합니다. 그리고 방학 전에는 방학 목표를 세우고, 방학 에는후 이번 방학을 목표한 대로 잘 실천했는지 점검합니다. 이렇게 계획과 성찰을 반복합니다.

어느 날 OO이의 연락을 받았습니다.

"선생님, 새 학기 전에 꼭 찾아뵐께요. 저 이번 방학을 너무 잘 보내서 자랑하고 싶어요."

스스로 정말 뿌듯하고 기뻤나 봅니다. 이런 자랑이라면 언제든지 많이 듣고 싶습니다.

실제로 5단계 실천 점검을 잘 해온 OO이 있었습니다. 3학년 1학기 때 삼성전자 인턴 지원차 서류 컨설팅으로 만났는데, 마음에 들었는지 여름 방학 전에 저를 찾아왔습니다.

"선생님, 저번에 설명해 주신 대로 자기 이해부터 취업 전략까지 컨설팅받고 싶어요."

당시 OO은 삼성전자 갤럭시 빅스비 개발자를 목표로 하고 있었습니다. 하지만 3학년 1학기를 마친 OO은 아직 개발 스킬, 대외 활동, 어학 등 보완해나가야 할 것들이 많았어요. 개발 스킬은 대기업 인턴을 지원해 볼 수도 있겠지만, 합격할 것이라는 보장이 없었습니다. 그렇다고 가만히 있을 수는 없었습니다.

"개발자를 목표로 하는 친구들과 스터디를 해 보세요."

"삼성전자에서 취업한 선배를 찾아서 조언을 구해 보세요."

"현직에 있는 선배에게 스터디 과제를 부여해 주고 멘토가 되어 달라고 해 보세요."

"그것도 안 된다면 직무 관련 학과 연구실에 들어가서 활동해 보세요."

"절대로 가만히 있으면 안 됩니다."

그렇게 OO은 학과 연구실에 들어갔습니다. 스터디 그룹을 만들기도 힘들었고 현직자 선배의 멘토링을 받기도 힘들었기 때문입니다. 하지만 소프트웨어 연구는 물론 학사로 논문까지 게재하면서 좋은 방향으로 실천해 나갔습니다. 스킬과 활동 2마리 토끼를 다 잡은 것이지요.

하지만 OO은 또 저를 찾아왔습니다.

"대기업에 지원하기 위해서는 어학 성적이 있어야 하는데, 토익은 도저히 못하겠습니다."

대기업에 지원할 학생이 어학을 포기한다는 것은 말이 안 되는 상황이었습니다.

"어학 성적만 있으면 되는 것이지 꼭 토익이 있어야 하는 것은 아닙니다."

"토익에 비해 가볍게 접근할 수 있는 오픽을 준비해 보면 어떠할까요? 그리고 교내 외국어 교육원을 활용해 보는 것도 좋을 것 같아요.

OO은 영어 울렁증이 있었는데, 저는 그 부분부터 해결해 주고 싶었습니다.

"외국어 교육원 안내 데스크나 로비에 가서 외국인 선생님이 보이면 10분이든 15분이든 대화를 나누고 오세요. 미션입니다. 주 3회 정도는 시도해 봅시다.”

당시 OO의 수업 일정 등을 고려해 미션을 설정했고 성실한 OO은 실제로 잘 실천해 주었습니다. 그렇게 두려움을 없앤 OO은 그 뒤로 외국인 유학생의 한국 생활 적응 도우미가 되어 활동하였습니다. 얼마 뒤 높은 점수는 아니지만 오픽 점수도 취득했습니다. 비록 가장 낮은 점수였지만 공인 어학 성적이 있었으니 서류 지원이 가능하게 된 것입니다.

그렇게 서류와 면접을 한 번에 통과하고 시원하게 삼성전자에 입사하게 되었습니다.

이런 학생도 있었습니다. OO이는 1학년때 〈대학생활설계〉라는 취업 교과목을 듣고 저를 찾아왔습니다. 그 교과목 강의에 제가 참여했을 뿐만 아니라 그 교과목에는 필수적으로 진로 컨설팅을 받아야 하는 과제가 있었기 때문입니다.

OO이는 원래 의사가 되고 싶어서 의대를 가고자 했습니다. 하지만 여건상 의생명공학과를 왔다며 속상해 했지요. 가정 형편도 어려웠고 부모님의 의견에 영향을 많이 받는 타입이었습니다.

“네가 다시 의대를 준비하는 것은 돈이 많이 들어서 어려울 것 같아. 그냥 안정적으로 공무원이 되어 주면 안 되겠니?”

저는 OO이의 환경을 고려하여 많은 대화를 나누었습니다. 그 결과 의사는 아니라도 의생명공학 전공자가 할 수 있는 일들을 탐색해 보기로 했어요. 그렇게하여 RA(연구지원직)라는 직무를 찾아 준비하게 되었습니다. 함께 취업 전략을 세우고 실천 사항들에 대한 점검도 꾸준히 했습니다. 덕분에 취업 준비를 잘하고 있다며 직무 기술서 작성하기 대회에서 상을 받았습니다.

약 2년쯤 지난 어느 날 3학년이 된 OO이는 다시 저를 찾아왔습니다.

의생명공학도 OO이가 그려준 그림

"의대를 가기 위해 편입을 준비하고 있어요."

"오~ 어떻게 된 일이에요?"

열심히 대학 생활하는 모습을 보고 부모님께서 힘들더라도 지원해 주시겠다고 하셨대요. 물론 진로가 변경되어 다시 전략을 세우고 실천해 나가야 했지만 OO이는 분명 행복해 보였습니다.

진로는 중간에 변경될 수도 있다고 말씀드렸습니다. 그렇게

OO이는 저와 한 번 더 목표를 달성하기 위해 전략을 세웠습니다. OO이의 꿈을 응원합니다.

취업 준비 프로세스 7단계는 각 단계가 하나하나 모두 중요하지만, 아무리 꿈을 꾸고 계획해 봤자 실천하지 않으면 아무런 소용이 없다고 생각합니다. 저는 저의 컨설팅을 통해 학생들이 더 꿈꾸고 실천할 수 있기를 바랍니다.

해외 마케터가 되고 싶은 OO이가 저를 찾아온 것은 이미 여러 컨설턴트를 거친 후였습니다. 그럼에도 불구하고 저에게 온 것은 그만큼 그 직무가 간절했기 때문이라고 생각했습니다.

"선생님, 다른 컨설턴트 선생님에게도 컨설팅을 받아 봤는데 해외 마케터가 되려면 영어도 잘해야 하고 해외 인턴도 다녀와야 한다고 해요. 그런데 저는 해외 인턴까지 갈 시간과 자신이 없어요. 그러면 저는 해외 마케터를 할 수 없는 걸까요?"

"해외 마케터가 되고 싶은 이유가 뭘까요?"

"얼마나 노력할 가치가 있는 것일까요?"

저는 그 학생의 의지를 보고 할 수 있다고 희망을 심어 주었습니다. 해외 마케터가 최종 목표라면 처음부터 해외 마케터가 아니더라도 국내 마케터나 영업 기획 분야에서 근무하다가 이동하는 방법도 있기 때문입니다. 저는 인생에 무조건 직진이란 없다고 생각합니다. 인생에는 수많은 길이 있고, 그중 우리가 아는 길은 매우 일부라고 생각합니다.

그렇게 우회해서 해외 마케터가 되는 방법에 대해 대화를 나누었습니다. 그 학생이 자리를 떠나는 모습을 보면서 조금은 가벼워진 에너지를 느낄 수 있었습니다.

정보통신공학을 전공한 OO이는 처음 컨설팅에서 ROTC 후 직업군인이 되겠다고 했습니다. 그렇게 정말 OO이는 장교가 되었지만, 곧 다시 저를 찾아왔습니다.

"선생님, 저 군인으로 근무를 해 보니 조직 문화가 저랑 맞지 않는 것 같아요. 저 지금이라도 전공을 살려 보려고 합니다."

"그동안 전공을 손 놓고 있었던 것은 아닌가 봐요?"

"네. 군대에서도 SW개발 관련 스터디 그룹도 만들고 활동을 했습니다."

"그래요? 한 번 살펴봅시다."

이렇게 OO이는 진로를 변경하고 새롭게 취업 전략을 세웠습니다. 이후 실천 점검 컨설팅 중 SW 개발자를 준비하는 사람이라면 누구나 참여하고 싶은 SSAFY(삼성 청년 SW 아카데미) 채용 공고를 보고 함께 준비했습니다. 당연히 서류, 면접에서 합격!

실천 점검 **147**

이 사례에서 보시는 바와 같이 실천 점검 단계도 중요합니다. 다른 단계만 중요시하고 실천 점검 단계를 소홀히 하면 안 된다는 점을 말씀드리고 싶었습니다.

실천 점검 단계를 통해 현재 취업 준비 정도를 점검받아 보시길 바랍니다. 잘하고 있는 점과 부족한 점을 파악하고 보완해 봅시다. 때때로 취업을 준비하다가 동력을 상실했다면 다시 동력을 채우는 시간을 가져 봅시다. 그렇게 이 단계를 활용해 봅시다.

또한 취업 준비는 매우 개인적인 부분이라 취업 준비를 잘하고 있어도 못하고 있어도 어딘가에 속시원하게 말하고 점검 받기가 어렵습니다. 친구들과 같이 취업을 준비하더라도 서로의 이야기를 나눈다는 게 얼마나 조심스럽습니까? 부모님도, 나를 아는 지인들도 모두가 서로에게 조심스러운 시기라고 하겠습니다.

홍보·마케팅 분야를 준비하고 있는 OO은 오늘도 불안합니다. 콘텐츠 마케터가 되기 위해 포트폴리오도 준비했고, 비록 몇 달이지만 현장 경험도 했습니다. 하지만 현직자에게 들어보니 "첫 직장을 잘 선택해야 된다!"고 합니다.

실천 점검 단계에서 자신이 목표로 한 것과 달리 다른 사람들의 말에 고민될 때가 있습니다. 현직자의 말은 틀린 말이 아닙니다. 첫 직장을 어떻게 선택하였는가에 따라 '내가 이 회사에 얼마나 오랫동안 근무할 수 있을까?'에 영향을 미칠 수 있습니다. 그리고 이직할 때 자신의 커리어에도 영향을 미칩니다.

그런데 OO에게는 중요한 다른 조건들도 많아졌습니다. 사무실에 근무하는 사람의 수, 회사 화장실의 청결 정도, 출퇴근 시간 등! 당연히 고려할 수 있는 상황입니다. 그런데 문제는 회사 선택 기준이 많아질수록 마음에 드는 곳에 취업하기란 그만큼 느려질 수도 있다는 겁니다. 이렇게 취업 준비 기간이 길어지면 취업을 하지 못할까봐 두려움이 커질 수도 있습니다. 어떻게 하면 좋을까요?

여기서 해 볼 수 있는 셀프 코칭 질문!

- 나의 회사 선택 기준은 무엇인가? 우선 순위는 어떻게 되는가?
- 내가 일하면서 참기 어려운 부분은 무엇일까?
- 내가 이 회사에서 얻어갈 것은 무엇인가?
- 이 회사는 얼마나 근무할 예정인가? 얼마나 다닐 수 있을까?
- 퇴사할 때, 나의 커리어 역량이 어떤 수준이면 좋을까?

이런 질문들을 해 볼 수 있습니다. 컨설팅을 해 보면 이런 경우가 있습니다. 사실은 오래 다닐 것도 아니면서 한 번 입사하면 엄청 오래 다녀야 한다는 책임감 때문에, 또 이직에 대한 피곤함 때문에 고민합니다. 그런데 대화를 나누어 보면 진짜 고민이 무엇이었는지,

진정 원하는 것이 무엇이었는지 알게 됩니다.

아시다시피 평생 직장은 옛날 이야기가 되었고, 심지어 이제는 평생 직업도 보장되지 않습니다. 직장도 직업도 여러 차례 변할 수 있는 시대에 우리가 살고 있기 때문입니다. 이 점이 우리를 불안하게 합니다. 저 또한 불안함을 느낍니다. 하지만 받아들여야지요. 저 또한 셀프 코칭을 통해 제 마음을 수시로 성찰해 나가고 있습니다.

"하고 싶은 일은 있는데 준비하려니 지치고 두려워요."

실천은 정말로 쉬운 일이 아닙니다. 하고 싶은 것도 없고 목표 설정도 안 된 누군가가 이 소리를 들으면 배부른 소리를 한다고 하겠지요.

○○이는 사회복지사가 되고 싶다고 말합니다. 그것도 노인 복지 분야로 가고 싶다고 해요. 이미 자신의 언니도 그 분야에서 일하고 있다고 합니다. 그런데 막상 준비를 하려고 하니 벌써부터 지치고 두렵다고 합니다.

여기서 해 볼 수 있는 셀프 코칭 질문!

- 진짜 하고 싶은 일인지 아닌지 어떻게 알아볼 수 있을까?
- 하고 싶은 일이 맞다면 가장 마음에 걸리는 부분이 무엇일까?
- 하고 싶은 일을 하려면 어떤 준비를 해야 하며, 나는 얼마나

알고 있는지?

● 취업 전략을 세우고 실천하는데 방해가 되는 내면의 목소리
  는 무엇인가?

● 만약 하고 싶은 일을 하게 되었다면 고민하고 있는 나에게 뭐
  라고 말해 줄까?

"저는 삼성전자가 목표예요."

"직무는 선정하셨나요?"

A는 삼성전자에 취업하고 싶다는 목표를 가지고 있습니다. 비슷
한 시기에 B도 삼성전자를 꿈꿨습니다.

"두 분 이번 방학 때 프로젝트해서 포트폴리오를 한 번 만들어
봅시다."

방학이 지나고 A는 실천 점검에 소홀했지만, B는 성실하게 임했
습니다. 그 결과 B는 원하던 대로 삼성전자에 합격했습니다. A도 취
업은 했습니다. 하지만 자신이 원하던 삼성전자도 아니었고 취업에
성공하기 까지 훨씬 많은 시간과 노력이 필요했습니다.

여기서 해 볼 수 있는 셀프 코칭 질문!

● 그 회사를 가려고 하는 이유는 무엇인가?

● 어떤 부분이 당신을 실천하기 어렵게 만드나?

- 그 회사에 가는 것이 얼마나 가치 있나?
- 그 회사에 취업해서 얻고자 하는 것이 무엇인가?
- 만약 취업에 성공했다면 나는 어떤 이유로 성공한 것일까?

사실 A는 자만심 때문에 준비에 소홀했습니다. 학과에서 늘 1등을 해 왔고 활달한 성격에 친구도 많았습니다. 활동 사항도 다른 친구들에 비해 부족하지 않았습니다. 삼성전자에 입사해서 일을 배우고 회사가 어떻게 운영되는지 알게 되면 퇴사 후 자신의 사업을 하고자 했습니다. 그런데 면접을 보았던 수많은 회사 중에서 이 질문에 말문이 막혔다고 했습니다.

"어떤 소프트웨어 개발자가 되고 싶어요?"

"……."

그곳은 바로 네이버였습니다. 자신이 왜 네이버에 입사해야 하는지, 왜 네이버에서 SW개발자가 되어야 하는지, 어떻게 직무를 수행할 것인지를 제대로 설득하지 못했던 것입니다. 자기 자신도 설득하지 못하는데 어떻게 다른 사람을 설득할 수 있겠습니까?

책의 서두에서 말씀드린 것처럼 저는 졸업 후 바로 취업에 성공하지 못했습니다. 대학 졸업 후 진로에 대해 진지하게 생각해 보지 않았습니다. 졸업하면 자연스럽게 어디라도 취업을 할 수 있을 거라고 생각했습니다. 그랬던 제가 무엇을 어떻게 실천해서 취업에 성공하게 되었는지 말씀드리겠습니다.

셀프 코칭을 통해 서비스 강사라는 직업을 알고 폭풍 검색에 들어갔습니다. 자격 요건은 무엇인지, 비전은 있는지, 어떤 기업에 이 직무가 있는지 등.

조사해 보니 대부분 대기업 교육팀 또는 협력사 소속으로 고객 응대 강의를 하는 것이었습니다. 자격 요건은 교육 기획·운영 가능자, 차량 소지자, 운전 가능자, 출장 가능자 정도 였던 것으로 기억합니다. 지금은 CSLesders(관리사)라는 자격증을 우대하고 있지만 제가 지원할 때는 그런 우대 사항은 거의 없었습니다. 출장이 많기 때문에 차량 소지 및 운전 가능자를 선호했습니다. 문서 작성 능력도 기본이었습니다. 그리고 가장 많은 부분을 차지하는 중요한 것은 고객 응대 강사 양성 과정을 받았는지, 실제 강의를 설계하고 운영할 수 있는 지였습니다.

'아, 이 정도면 6개월에서 1년 정도(?) 준비하면 되겠다. 도전해 볼 만하겠다.'
라고 생각했습니다.

그리하여 인터넷으로 강사양성학원을 조사한 후 3곳을 걸러냈습니다. 그럴싸한 곳에 취업하고 싶었기 때문에 대기업 사내 강사를 많이 배출한 실적 위주로 학원을 선정하여 직접 대면하여 상담을 받

(주)대륙 ♡
삼성전자물류센터 협력사 CS강사 모집

☆ 마감된 공고

모집요강 및 응시자격

모집직종	· 고객상담·관리·수퍼바이저 > CS강사 · 보습·입시강사 > 예체능 · 사회복지상담 > 직업상담 · IT·문화직업강사 > 기술·기능, 문리 · 교육상담·학원에이전트 > 교육상담 · IT·문화직업강사 > OA
고용형태	정규직
모집인원	1명
담당업무	1. 물류센터 설치팀장 친절교육, 자격교육 대상선정 및 관련 사무 업무 2. 관할 센터가 양산, 경주로 1주 또는 2주 간격 경주센터 1일 출근 [병역특례채용희망] 비희망 [컴퓨터활용능력] 문서작성 (워드프로세스 활용), 프레젠테이션 프로그램 활용 [우대조건] 차량소지자 [기타우대조건] 근무지가 외각이며 경주센터를 출근해야 하므로 출퇴근 차량소지가 필수입니다. 인근 거주자 우대입니다.
자격요건	· 학력: 초대졸 · 경력: 신입/경력(연차우관)
우대사항	· 자격증: CSLeaders(관리사)

앗습니다. 그 중에서 기간, 비용, 학원생 관리 등을 고려하여 한 학원에 등록했습니다.

3개월 동안 진행되는 주말 교육 과정이라 경주 집에서 대구를 오고갔습니다. 3개월 과정을 마칠 때쯤 함께 과정을 수강하던 친구의 추천으로 치과병원 코디네이터가 될 수 있었습니다. 그렇게 주중에는 병원 코디네이터로, 주말에는 기업 교육 강사가 되기 위해 필요한 다른 교육들을 수강했습니다. 매주 겨우 10분 정도의 강의안을 제작하고 발표하는 것이지만 쉽지 않았습니다. 강의안 설계도 잘 못했지만, 문제는 강의를 너무 못한다는 것입니다. 그렇게 못하고 부끄러운데도 기어코 하려고 하는 저를 보면서 스스로도 참 어이가 없다고 생각했습니다.

'나는 왜 이렇게 이 직무를 하려고 하는 걸까?'

어렸을 때부터 수줍음이 많았음에도 불구하고 이상하게 남들 앞에 서고 싶었습니다. 비웃을 수도 있습니다만 패션 모델이나 미스코리아, 국회의원도 꿈꿨습니다. 그럴싸한(?) 직업을 가지고 우쭐대고 싶은 마음, 칭찬받고 싶은 마음, 인정받고 싶은 마음이 있었습니다. 그러면 부모님을 기쁘게 해드릴 수 있을 거라고 생각했습니다.

저의 부모님은 지금도 늘 아낌 없는 지원과 지지를 보내주십니다.

"해외에 나가서 살아도 좋으니 너가 하고 싶은 것은 뭐든지 하고 살아라. 빚을 내어서라도 지원해 주겠다."

실제로 빚을 낸 것은 아니지만 살면서 지금까지 부모님께 받은 은혜는 정말 크다고 생각합니다. 이런 지지와 응원 덕분에 저는 제가 노력한다면 어느 정도 성과가 있을 것이라고 믿었습니다.

그렇게 강사 양성 과정을 수료하고도 부족하다고 생각하여 MBC 리포터 출신 보이스 트레이닝 선생님께 4주 동안 트레이닝을 받았습니다. 그러나 결과는 처참했습니다.

"너는 말을 너무 못하는데, 이 직업 말고 다른 직업을 하면 안 되겠니?"

못하는 것을 알지만 이 직업을 포기하고 싶은 생각이 없었던 저는 어디서 그렇게 용기가 났는지

"저처럼 말 못하는 사람도 강사가 될 수 있다는 것을 보여드리겠습니다."

라고 말했습니다. 지금 생각해 봐도 참 어이가 없지만 스스로 멋진 장면이라고 생각합니다.

호기롭게 저의 의사를 표현했지만 그렇다고 해서 바로 기업 교육 강사가 될 수는 없었습니다. 어김없이 주중에는 병원 코디네이터로 일하고 주말에는 강사 관련 모임에 나갔습니다. 실천하는 기간 동안 스스로를 다잡기 위해 다양한 자극을 주었습니다. 강사 모임, 자기계발 모임, 당시 고객 유형별 응대 교육에 많이 활용되던 DISC, TA 교류 분석, 에니어그램 등의 교육도 이수했습니다. 때를 기다린 것입니다.

이렇게 고객 응대 강사가 되겠다고 마음먹고 노력한 지 약 1년쯤 되었을 때 비로소 삼성전자 로지텍이라는 물류센터 고객 응대 강사가 될 수 있었습니다.

실천 점검 단계에서 고객 응대 강사가 되기 위해 제가 실천한 것들을 살펴보면 다음과 같습니다.

첫째, 제가 만날 교육생들이 고객 응대를 잘할 수 있도록 돕기

위해 필요한 지식을 쌓았습니다.

- 고객이란?
- 고객을 응대한다는 것의 의미는?
- 고객의 유형은?
- 그리고 유형별 응대는 어떻게 달라져야 하는가?
- 고객 응대 상황에는 어떤 것들이 있을까?
- 상황별로 어떻게 처신하고 대처하는 것이 최선일까??

이를 위해 고객 서비스에 관련된 책과 사례집을 공부하고 영상도 시청했습니다. 또한 고객 유형별 응대를 위해 사람의 성격 유형, 성장 배경에 따른 성격 등을 공부했습니다.

둘째, 고객 응대 강사로서 저부터 실제로 고객 응대를 잘해야 된다고 생각했습니다. 그래서 병원 코디네이터로 일할 때에는 응대 시의 에피소드가 미래에 제 강의의 소재가 된다는 생각으로 응대했습니다.

저만의 응대 스토리를 만들고자 생각하고 있던 어느 날이었습니다. 평소 까칠하기로 소문난 고객이 방문했을 때 동료 코디네이터들이 전부 혀를 내두르며 저보고 응대하라고 했습니다.

"안녕하세요? OO님"

"오늘 옷이랑 매치한 머플러가 참 잘 어울리십니다."

"얼마 전에 생일이셨네요. 생일 잘 보내셨나요?"

접수를 도와 주는 짧은 시간이었지만 스몰 토크를 통해 고객의 마음을 살 수 있었습니다. 이는 앞서 고객 응대 관련 지식을 쌓아둔 덕분이었습니다. 쌓은 지식을 실무에 적용하면서 고객 응대의 맛을 살릴 수 있었습니다. 이런 과정들이 없었다면 교육을 통해 강사로써 교육생들을 설득하기 어려웠을 것입니다.

참고로 이 고객은 나중에 제가 삼성전자 고객 응대 강사가 되고 난 이후에도 "그 아가씨 어디갔냐?"며 저를 찾았다고 합니다.

이렇게 실천 점검 단계에서 실무를 위해 준비하는 시간을 보냈습니다.

셋째, 취업 목표를 세우고 시간이 걸리더라도 흔들리지 않고 합격할 때까지 노력했습니다. 말씀드린 것처럼 저는 문서 작성도 강의도 못한다는 이야기를 들었지만 고객 응대 강사가 꼭 되고 싶었기에 포기하지 않았습니다.

"4년제 대학을 나왔는데 왜 그러고 있냐?"

"네가 그렇게 해서 될 것 같냐?"

이처럼 따가운 시선이 있었습니다. 그러나 흔들리지 않았습니다. 왜냐하면 저는 저 자신을 이해하고 믿고 있었기 때문입니다. 그리고 교육받았던 선배 강사님들께 연락해서 조언을 구했습니다. 함께 강사 일을 준비하는 동료들과 스터디 그룹을 만들었습니다. 밤마다 기도했습니다. 그리고 상상했습니다. 원하는 일을 하고 있을 제 모습을요.

코로나로 인해 여행·항공·숙박업계는 큰 타격을 입었습니다. 정말 무서웠습니다. 어떤 일들이 일어날지 예상할 수 없었습니다. 그래서 이 분야의 취업을 준비하던 학생들이 많이 흔들렸습니다. 하지만 이제 다시 이 분야에 변화의 물결이 보입니다. 그동안 희망을 놓지 않고 준비했던 학생들도 있을 것이고, 포기한 학생들도 있을 겁니다. 누가 잘했고 누가 못했다고 말할 수 없습니다. 각자 주어진 환경에서 최선을 다했기에 목표를 이루도록 기도해 봅니다.

5단계 실천 점검에서는 다른 학생들의 사례도 있지만 저의 사례를 통해 여러분이 힘을 얻을 수 있기를 바랍니다. 실천할 때 중요한 것은 의지인 것 같습니다. '의지는 누가 주는 것일까요?' 하고 싶은데 의지가 약하다면 의지를 올리기 위해 다양한 방법을 찾아 보세요. 저처럼 선배에게 조언을 구하거나 가족에게 자신의 목표를 어필하거나 비슷한 꿈을 꾸는 동료와 스터디를 할 수도 있습니다. 어떻게 하든 여러분에게 알맞은 방법을 찾아보세요. 취업 준비에 정답은 없잖아요.

다음의 인터뷰는 2011년 LG전자 고객 응대 강사로 채용되었을 때 강사 양성 과정 학원에서 저를 인터뷰한 내용입니다.

LG전자서비스 아카데미 대구본사 CS강사 [우설래 강사]

 석세스 우수공부생 🔲 1:1 채팅
2011.07.06. 11:03 조회 266   💬 댓글 **1**   URL 복사   ⋮

"자신만의 **길**,
자신만의 **색깔**을 찾아가자"

 LG전자   석세스니기
서비스아카데미실 대구본사CS강사   **우설래강사**

1. 이름: 우설래

2. 현 소속: LG전자 경영혁신부문 › CS경영담당 ›서비스아카데미실 › CS역량육성그룹 대구 근무 본사 CS강사

3. 간단한 자기소개와 지금 하는 일
- LG전자 SE 설치기사 아카데미 및 현상 순회교육 기획, 진행

4. 서비스강사를 직업으로 선택한 동기:
대학생 때 소망화장품 뷰티크래팃에서 화장품 판매를 하면서 서비스의 중요성을 깨닫고 서비스 강사를 양성하는 곳을 찾다가 석세스를 알게 되었고 석세스에서 공부하면서 박정민원장님, 문소윤부원장님 외 선배들의 조언을 듣고 서비스강사라는 직업에 대한 비젼을 가지게 되었음

5. 석세스이미지컨설팅 서비스강사과정 중에서 가장 도움 되었던 점:
서비스강사양성과정에서 서비스강사로써의 마음가짐을 배운 것이 지금까지도 큰 도움이 되고 이미지메이킹강사과정, 취업컨설턴트과정을 이수한 후 외부강의 기회도 주시고 실질적으로 취업을 준비할 때 본인에게도 큰 도움이 되었음

6. 마지막으로 서비스강사를 준비하는 후배들에게 한마디
서비스강사의 겉모습에 혹하지 않았으면 합니다. 남과 비교하지 않고 묵묵하게 자신만의 길을 자신만의 색깔을 찾아 갔으면 합니다. 그리고 즐기기를 바랍니다. 그러면 어느 새 자신이 원하는 모습에 도달할 것입니다..

#강사자격증   #보이스컨설팅   #서비스강사과정   #석세스이미지컨설팅   #전문서비스강사   #전문서비스강사과정

#cs강사

프로세스 6단계

서류 작성

preparation of documents

2. 직무 조사
나만의
직무 기술서

3. 목표 설정
목표 수집
자료 수집

1. 자기 이해
홀랜드검사
자기 분석

4. 취업 전략
취업 전략
계획서

5. 실천 점검
실천 확인
동기부여

6. 서류 작성
입사서류
입학서류 등

7. 면접 준비
인성, 직무, 외국어
PT, 토론 등

입 사 서류를 작성해 보신 적이 있나요? 입사 서류는 일반적으로 이력서와 자기 소개서로 이루어져 있습니다. 그렇다면 혹시 '블라인드 채용'은 들어보셨나요? 블라인드 채용이란 출신지, 학력, 성별 등 편견과 차별을 야기할 수 있는 항목을 요구하지 않고 직무 능력으로 채용하는 것을 말합니다.

6단계 서류 작성 및 7단계 면접 준비를 이해하기 위해서는 블라인드 채용에 대해 알고 가야합니다. 최근 블라인드 채용이 확대되면서 서류 작성 및 면접 준비를 할 때 주의해야 할 점들이 생겼기 때문이지요.

이력서는 보통 기본적인 틀이 주어집니다.

그렇게 작성하라고 하는 것에만 살짝 주의해서 작성하면 되지만, 자기 소개서는 이력서보다 질문이 다양하고 작성해야 하는 양에 따라 지원자들이 겁을 먹을 수도 있습니다.

:: saramin

이력서 제목

지원분야					경력여부	□신입 □경력
성명(국문)			성명(영문)			
생년월일	년 월 일(☑양/□음)		연락처			
이메일						
주소						
병역사항	□필 □미필 □면제 □해당없음 / 복무기간, 군별코드, 계급 or 면제사유					

학력사항

재학기간	학교명	전공 및 수료과목	소재지
2000.01-2001.01	○○ 고등학교		
2000.01-2001.01	○○ 대학교		
2000.01-2001.01	○○ 대학원		

주요활동 및 사회경험

활동기간	활동구분	기관	활동내용
2000.01-2001.01			

수상경력

수상일자	수상명	내용	기관
2000.01-2001.01			

자격사항 및 어학능력

취득일자	자격증 및 면허종류	취득번호	발행기관
2000.01-2001.01			

자기소개서

자유서술

취업포털 사람인에서 기업 394개 사를 설문 조사한 결과 56%
의 기업이 블라인드 채용을 긍정적으로 바라보고 있었습니다. 그 이
유는 지원자에게 공정한 기회를 주는 것이어서 59.3%, 스펙으로 인
한 선입견이 없어져서 38.5%, 공정하고 투명한 채용이 가능해서
32.6%, 능력이 뛰어난 인재를 뽑을 수 있어서 등이라고 밝혔습니다.

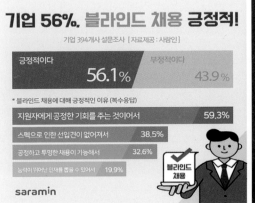
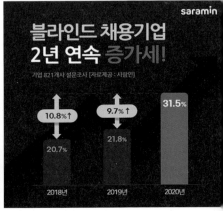

또한 기업 821개 사를 설문 조사한 결과에서도 2018년 블라인
드 채용에 대해 도입 초기보다 약 2년 만인 2020년에 10.8% 증가
세를 보였습니다. 현재는 블라인드 채용이 공공 기관 및 대기업뿐만
아니라 중소·중견 기업까지 확대되고 있는 모습을 볼 수 있습니다.

한편 기업의 인사 담당자뿐만 아니라 구직자 또한 대체적으로
환영하는 편이라는 사실도 알 수 있습니다. 인사 담당자들은 그동
안 스펙을 보고 채용했는데, 현업에서는 스펙이 뛰어난 사람과 스펙

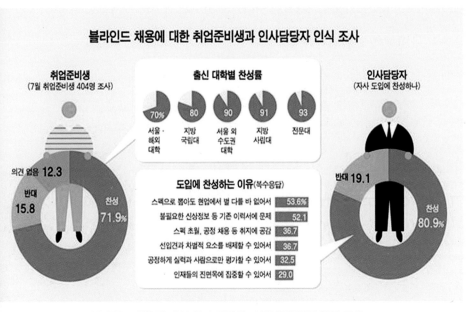

블라인드 채용에 대한 인사 담당자, 취업 준비생의 인식 조사

이 다소 떨어지는 사람의 업무 능력을 비교하면 별반 차이를 못 느꼈다는 의견이 53.6%를 차지하였습니다. 불필요한 신상 정보 등 기존 이력서에 의존하는 평가에는 문제가 있다는 사회적 합의점에는 52.1%가 공감하고 있었습니다.

이런 상황에서 정해진 틀에 의한 이력서를 제외한다면 결국 우리는 자기 소개서를 잘 써야 하지 않을까요? 블라인드 채용을 오히려 기회로 만들 수 있는 좋은 해답은 바로 '자기 소개서'에 있다고 생각합니다.

6단계 서류 작성에서는 이력서와 자기 소개서를 작성하는 방법을 안내해 드릴 겁니다.

이력서는 자신의 이력이 잘 드러날 수 있도록 체계적으로 정리·작성해야 합니다. 크게 인적 사항, 학력, 활동, 경력, 자격, 외국어, 병력 사항 등이 있습니다.

이력서에서 제가 신경쓰는 부분은 다음과 같습니다.

- 이력서 사진
- 맞춤법, 정렬 상태
- 최신 내용을 위쪽으로 채우기
- 빈칸은 되도록 보이지 않기

■ 이력서 사진

물론 요즘은 블라인드 채용이라고 해서 이력서 사진을 원하지 않는 곳도 있지만 아직 원하는 곳도 많습니다. 사진은 이력서에서 가장 먼저 눈이 가는 것이고 간접적으로 하는 첫 인사입니다. 그런데 아직도 이마를 모두 가린다든지, 직무와 맞지 않은 개성 강한 안경을 착용한다든지, 남성성과 여성성이 너무 드러나는 헤어스타일로 사진을 찍은 경우를 볼 수 있습니다.

■ 맞춤법, 정렬 상태

인사 담당자 10명 중 9명이 한글 맞춤법이 잘못된 입사 지원서를 본 적 있다고 답했습니다. 특히 띄어쓰기와 오탈자가 자주 눈에 뛴다고 합니다. 특히 인사 담당자들은 '로서/로써'를 잘못 쓰는 경우(22.2%) 가장 많았다고 답했습니다. 이어 △몇 일/며칠(21.5%) △안/않(21.5%) △든지/던지(17.8%) △오랫만에/오랜만에(14.1%) △돼/되(13.9%) △역활/역할(13.9%) 순으로 지원자가 자주 틀리는 맞춤법을 꼽았습니다.

이런 지원자를 어떻게 할까요? 조사에 참여한 인사 담당자의 절반 이상인 69.9%는 일단 서류 전형은 합격시킨다고 답했습니다. 반면 30.1%는 서류 전형에서 탈락시킨다고 답했습니다.

컨설팅을 해 보면 의외로 맞춤법 검사 기능을 모르거나 취업포

인사담당자 89.6%
"한글 맞춤법 잘못된 이력서 있었다"
| 자료제공 : 잡코리아, 기업 인사담당자 482명 조사 |

* 입사지원서에서 자주 틀리는 한글 맞춤법 (전체응답률 179.2%)

띄어쓰기	59.7%
오탈자	58.6%
어법, 어순 오류	31.0%
잘못 쓰인 맞춤법	23.8%
외래어 표기	5.1%
기타	0.9%

JOBKOREA

털 사이트에 바로 작성하면서 연습 파일을 생략하는 경우에 그런 실수가 발생되었습니다.

또한 맞춤법을 확인하셨다면 정렬 상태도 확인해 주세요. 줄별로 어떤 것은 가운데 정렬되어 있고, 어떤 것은 왼쪽 정렬되어 있으면 이력서를 보자마자 정리·정돈이 안 되는 사람, 꼼꼼하지 못한 사람, 성의 없는 사람이라는 이미지를 주기 쉽습니다. 기본적으로는 파일에 이미 설정되어 있는 정렬로 맞추어도 좋고, 아니면 가운데면 가운데, 왼쪽이면 왼쪽으로 정리된 모습을 보여 주세요.

■ 최신 내용을 위쪽으로 채우기

'이 정도는 다 알겠지.'라고 생각하지만 막상 컨설팅을 해 보면 그렇지 않습니다. 그래서 이번에는 이력서 문항별 작성 가이드를 설명해 드립니다.

기본 인적 사항은 거짓 없이 솔직하고 올바르게 작성하시면 되는

데, 연봉의 경우 얼마를 적어 넣어야 할지 모르시겠다면 회사 내규로 적는 것이 좋습니다. 그럼에도 불구하고 당연히 동종 업계 비슷한 커리어를 가진 사람들의 연봉을 확인해 보시는 것이 필요합니다.

학력 사항은 특별히 고등학교 때부터 작성하라는 언급이 없다면 최종 학교명과 기간, 졸업 여부를 적으시면 됩니다. 필요에 따라서 학점이나 학교의 소재지를 적기도 합니다. 소재지를 작성할 때는 OO시라고 도시명을 작성하시면 무난합니다.

활동·자격 사항 등은 직무와 연관 있는 최신 것을 가장 윗줄에 올려서 작성합니다. 생각보다 많은 분들이 직무와 상관 없는 활동이나 자격을 적는데, 이색적인 활동이나 자격은 호기심이 들기도 하겠지만 누가 봐도 '그냥 칸 채우려고 넣은 것같다. 공공 기관 준비하다가 여기도 넣어 보는구나.'하는 인상은 주지 않아야 합니다. 예를 들어 아무 연관도 없는 한국사나 TESAT(경제경영이해도 시험) 같은 자격 사항을 기재해 두는 경우지요. 그러면 서류 전형에서도 신뢰를 주지 못하고, 면접 전형 시에 당연히 그에 대한 질문이 있을 수 있습니다.

"혹시 공기업 준비하시나요? 상관 없는 자격증을 왜 기재하셨지요?"

■ 빈칸은 되도록 보이지 않기

빈칸을 보인다는 것은 성의가 부족하거나 그만큼 덜 간절해 보이는 것 같아서 추천하지 않습니다. 어떻게 해서든 채워야 합니다. 어떻게 할까요?

예를 들어 활동 사항, 수상 이력, 자격 이력, 외국어 능력 등 이력서 항목을 저에게 유리하게 바꾸는 것입니다(자신이 소지하고 있는 부분으로 항목을 변경). 그리고 직무와 관련하여 자격·활동으로 부족하다면 학교에서 배운 또는 개인적으로 외부에서 배운 교과목이나 강의 등 이수한 것들을 최대한 적어봅니다. 이렇게 하면 신입직 서류라고 해도 빈칸 없는 이력서를 만들 수 있습니다. 인사 담당자 입장에서도 이렇게까지 최선을 다한(?) 이력서는 반갑습니다.

자기 소개서에서 신경쓰는 부분은 다음과 같습니다.

● 자신만의 강점 키워드가 드러나는 스토리텔링

● 호기심 가는 소제목

이력서는 회사 규정 양식이든 자유 양식이든 큰 차이를 보이는 경우는 없습니다. 하지만 자기 소개서는 회사 규정 양식과 자유 양식(잡코리아, 사람인양식 등)은 차이가 큰 편입니다. 저는 자유 양식으로 기본 서류를 작성하고, 희망 기업에 따라 조금씩 변경하기를 권하는 편입니다. 그리고 자유 양식의 장점을 살려서 자신의 강점 키워드가 드러날 수 있는 질문을 스스로 만들어서 작성하는 것이 좋습니다. 자유 양식의 기본 질문들은 성장 과정, 성격의 장·단점, 회사·직무 지원 동기, 입사 후 포부 등이 있습니다.

성장 과정을 작성하라고 하면 아직도 어떤 집안에서 자랐는지를 작성하는 분들이 많습니다. 그건 아닙니다. 성장 과정 안에서 내가 지원하는 회사와 인연이 있었는지, 직무와 연관된 일화는 없는지, 성장 과정을 통해 나의 가치관이나 좌우명·생활 신조 등 어떤 영향을 받았고, 어떻게 일할 사람인지 예상할 수 있도록 해주는 것이 좋습니다. 그렇다고 그 내용을 다 적으라는 말이 아닙니다. 작성해야 하는 글자 수에 따라 1~2가지 에피소드를 작성하면 좋습니다. 앞에서 말씀드린 것은 단순한 예시입니다.

성격의 장·단점은 직무와 연관된 성격을 보여주면 좋겠습니다. 저는 2단계 직무 조사에서 알아 차린 그 직무의 특성과 필요 성격을 중심으로 컨설팅하고 있습니다. 예를 들어 꼼꼼한 성격을 가지고 있다고 합시다. 그러면 보통 회계·재무 직무를 떠올리게 됩니다. 그런데 저는 여기서 꼼꼼하다는 표현을 직접적으로 하기보다 자신만의 사례를 통해 어떤 꼼꼼함을 가지고 있는지 표현해 주시기를 바랍니다. 과일의 단맛과 초콜릿의 단맛이 다른 단맛인 것처럼요. 그런데 많은 분들이 그냥 '꼼꼼하다. 밝다. 소통을 잘한다.'라고 말합니다. 그것이 아니라, '보고서를 제출하기 전 10번을 검토해 보는 꼼꼼함', '아이처럼 호기심 많고 순수한 밝음', '말 잘하는 것으로는 우리동네 1등!' 이런 호기심 가는 표현들이 좋겠습니다.

회사·직무 지원 동기는 2, 3단계 직무 조사 및 목표 설정 단계에서 자료를 수집하면서 느낀 회사나 직무에 대한 매력 포인트나 관련 경험을 소개하는 것이 좋겠습니다. 예를 들면 다음과 같습니다. 평소 자주 애용하는 서비스였고, 사용하면서 느꼈던 매력과 장점, 어떤 아이디어가 혁신적이었다는 부분 등을 언급할 수도 있습니다. 꼭 자신의 경험이 아니라도 어린 시절부터 집 근처에 있어서 친숙한 회사여서 '저곳은 무엇을 하는 곳일까?'하는 호기심도 있어서 준비해 왔다고 할 수도 있습니다. 또한 우리 동네에는 없었지만 친척 집이 있는 도시에 가면 만날 수 있는 상품이었고, 주변에서는 이 회사를 이렇게 평가하고 있더라 등으로 쓸 수도 있습니다.

한편 직무에 대한 지원 동기는 언제 어떤 계기로 직무에 관심을 가지게 되었고, 어떻게 준비해 왔는데, 간접적이었지만 준비해 보니 이런 흥미와 적성을 느낄 수 있어서 지원하게 되었다와 같은 툴로 작성할 수도 있습니다.

입사 후 포부에서는 잘 나가는 회사에 내 발을 얹어 보고 싶다는 뉘앙스를 주거나, 제가 입사하면 회사에 엄청난 도움이 되고 일류 기업이 될 수 있도록 기여하겠다는 허무맹랑한 이야기는 하지 맙시다. 담백하게 내 위치에서 당장 할 수 있는 업무 태도, 1년차, 3년차…, 이렇게 연차에 따라 어떤 모습이 되도록 노력하겠다든지, 10년 후 나의 모습 등을 작성해 보세요. 힘들면 앞서 말씀드린 대로

NCS사이트를 참조하거나 현직자 인터뷰를 참고해서 작성하시면 되겠습니다.

예를 들어 1단계 자기 이해, 꿈의 기록 부분에서 이런 표현을 한 학생이 있었습니다.

"저는 현실적으로 사회에 기여하고 싶어요. 직접적인 도움이 되고 싶어요. 제 아이디어가 실제 만들어지기까지 너무 오랜 시간이 걸리는 건 선호하지 않아요. 그래서 저는 개발자를 돕는 개발자가 되고 싶어요."

천체물리학자	중학교 1학년	천체물리학에 관심이 생겼고 수학보다 현실에 기여할 수 있는 점이 많아 보여서
펀드매니저	중학교 2학년	사업 성공에 도움을 주었던 투자자들의 이야기를 쓴 책을 읽고, 사회에 기여할 수 있는 회사를 성장시키는 것이 관심을 갖게 되어서
발명가	중학교 3학년 1학기	발명 대회에서 입상한 후 유용한 장치 등의 발명을 통해 사람들에게 보다 직접적으로 도움을 주고 싶어서
프로그래머	중학교 3학년 2학기	내가 낸 아이디어가 실제로 만들어지기까지 너무 오랜 시간이 걸린다는 것을 느껴서

이 표현들을 잘 살려서 자기 소개서 '성장 과정 및 활동 사항' 항목에 다음과 같이 녹여냈습니다.

"제가 직접 개발하는 것도 좋지만 다른 프로그래머를 도와 개발
자들이 쉽게 개발할 수 있는 시스템을 만들고 싶습니다."

자기 소개서를 이렇게 작성한 사람은 합격했습니다. 자신만의
스토리가 분명했기 때문입니다.

성장 과정 및 기타 활동 사항

중학교 3학년 때는 발명가가 되어 제가 만든 발명품으로 사람들의 삶을
풍요롭게 만드는데 기여하고 싶다고 생각했습니다. 당시 집이나 땅을 직
접 보러다니는 부분이 비효율적으로 느껴져 '부동산을 인터넷에서 보고
구매할 수 있으면 좋겠다.' 생각했는데, 그해 연말, 뉴스에서 저의 아이디
어가 현실화되는 것을 보았습니다.

이때 저는 아무리 좋은 아이디어가 있어도 만들어 내지 못한다면 의미가
없다고 느껴 '프로그래머가 되어야겠다.'고 생각했고 고등학교 1학년 때
부터 C언어 책을 대출하여 독학하는 등 실력을 키워 프로그래밍 동아리
를 만들었으며, 주도적으로 동아리원들을 교육하기 위해 교육 프로그램
을 기획/운영하기에 이르렀습니다. 그때 공부했던 도서와 논문이 지금의
밑거름이 된 것 같습니다. 그러나 그때의 경험을 바탕으로 제가 직접 개
발하는 것도 좋지만, 다른 프로그래머를 도와 개발자들이 쉽게 개발할 수
있는 시스템을 만들고 싶다는 생각을 하여 이렇게 지원하게 되었습니다.

다음은 이 학생의 전체 자기 소개서입니다.

성장 과정 및 기타 활동 사항

중학교 3학년 때는 발명가가 되어 제가 만든 발명품으로 사람들의 삶을 풍요롭게 만드는 데 기여하고 싶다는 생각을 했습니다. 당시 집이나 땅을 직접 보러다니는 부분이 비효율적으로 느껴져 '부동산을 인터넷에서 보고 구매할 수 있으면 좋겠다.' 생각했는데, 그해 연말, 뉴스에서 저의 아이디어가 현실화되는 것을 보았습니다.

이때 저는 '아무리 좋은 아이디어가 있어도 만들어 내지 못한다면 의미가 없다고 느껴 프로그래머가 되어야겠다.'고 생각했고, 고등학교 1학년 때부터 C언어 책을 대출받아 독학하는 등 실력을 키워 프로그래밍 동아리를 만들었으며, 주도적으로 동아리원들을 교육하기 위해 교육 프로그램을 기획·운영하기에 이르렀습니다. 그때 공부했던 도서와 논문이 지금의 밑거름이 된 것 같습니다. 그때의 경험을 바탕으로 제가 직접 개발하는 것도 좋지만, 다른 프로그래머를 도와 개발자들이 쉽게 개발할 수 있는 시스템을 만들고 싶다는 생각을 하여 이렇게 지원하게 되었습니다.

대학에 입학해서는 보안동아리에 관심이 가 보안동아리 연합에서 주최한 다양한 컨퍼런스, 워크숍, 교육 등에 활발히 참여했는데, 저보다 뛰어난 사람들을 보면서 제가 할 수 있는 일은 더 열심히 개발 및 보안 공부를 하는 것밖에는 없겠다는 생각에 공부에 매진하였습니다. 그런 와중에 전공 선배와 함께 대회에 나가게 되었고, 한 학기에 6개 대회에 출전하여 모두 입상하는 경험을 쌓았습니다.

4학년 1학기를 마치고 IT산업 기능 요원으로 모 기업에 입사해서는 사내 개발 시스템의 비효율적인 점을 임직원 회의에서 발표하여 단계별 보완에 들어갔고, 업무 수행 능력 및 PM으로서 인정받아 과장급으로 승진하여 현재는 학업과 업무를 병행 중에 있습니다.

지원 동기 및 입사 후 포부

카카오 엔터프라이즈에서 말씀하시는 지원 자격 4가지를 기본적으로 이해하고 경험해 보았으며 우대 사항으로 Docker를 이용한 개발을 위해 노력했던 경험, IT산업 기능 요원으로 군 복무하면서 회사 내 다양한 프로젝트 참여 및 승진 경험을 바탕으로 지원하게 되었습니다.

제가 지원한 빅데이터 플랫폼 개발 직무는 빅데이터 개발자들이 더 효율적으로 개발에 집중할 수 있도록 빅데이터 플랫폼을 클라우드로 제공하고, 주요 기능을 자동화하는 업무라고 알고 있습 니다.

빅데이터와 인공지능에 관심이 많았던 저는 3학년 겨울 방학부터 인터넷 강의와 각종 도서를 활용하여 공부를 해왔습니다. 그러던 중에 추가적으로 앞으로 어떻게 공부하면 좋을지 방향과 프로젝트에 대한 조언을 구하기 위해 전공 교수님께 추천받은 기업을 찾아가 인공지능 관련 연구원님들과 면담하게 되었습니다. 그때 한 연구원이 말하시길 본인은 "인공지능 개발을 하지는 않지만 인공지능을 개발할 수 있는 환경을 제공함으로써 인공지능 산업에 기여하고 있다."고 말씀하셨습니다. 당시에는 '그런 방법도 있구나.' 정도로 이해하였습니다.

그렇게 인공지능 관련 업무를 해 보고 싶어 IT산업 기능 요원으로 (주)브라이튼에 입사했는데 처음의 말과는 달리 일방적으로 인공지능 업무를 할 수 없다는 통보를 받았고, 산업 기능 요원으로 입사하였기 때문에 별다른 대안이 없었던 저는 회사를 계속 다닐 수밖에 없었습니다. 그럼에도 불구하고 인공지능에 대한 공부의 끈을 놓고 싶지 않아 퇴근 후에도 시간을 투자했으나, 결국 회사에서 추진하는 새로운 프로젝트를 진행하다보니 인공지능 공부를 소홀히 할 수밖에 없었습니다.

그렇게 낙담하던 중, 연구원의 말이 다시 떠올랐고, 지금까지 배우고 활용한 컴퓨터공학 기술을 이용하여 빅데이터와 인공지능 플랫폼을 제공하는 업무를 할 수 있으면 좋겠다고 생각했습니다. 그러나 신입에게 그러한 기회가 주어지는 회사는 많이 없었기에 선배들의 조언으로 백엔드 개발을 공부하던 중 카카오 엔터프라이즈의 공고를 보고 '바로 이거다!'라고 생각했습니다. 입사 후에는 직무의 목적에 알맞게 제가 빛나는 개발자가 되기보다는 다른 개발자들이 빛날 수 있도록 돕고 지원하는 개발자들을 위한 개발자가 되고 싶습니다.

지금부터는 자기 소개서 작성 시 활용할 수 있는 스토리텔링 기법을 설명드리겠습니다.

다음에 2가지 자기 소개서를 보여드립니다. 여러분이라면 누구를 채용하시겠습니까?

자기 소개서 A

안녕하십니까? 이번에 임베디드 개발자로 지원하게 된 지원번호 115번 ○○○입니다.

저는 ○○대회에서 ○○이라는 주제로 팀 프로젝트 리더로서 팀워크를 발휘한 덕분에 수상을 할 수 있었으며 ○○과목, ○○과목에서 우수한 성적을 받으며 개발자 직무에 대한 지식을 쌓아왔습니다. 이런 저의 역량을 바탕으로 ○○기업의 성장에 함께하고 싶습니다.

자기 소개서 B

안녕하십니까? '연구실에 사는 선배'라는 별명을 가지고 있는 지원자 ○○○입니다.

저는 어려서부터 컴퓨터를 분해/조립하면서 용돈을 벌어왔고, 그 돈을 모아 임베디드 경진대회에서 더 품질 좋은 부품과 끈기로 마침내 수상을 할 수 있었습니다. 저는 호기심과 집념으로 시간이 흘러도 모를 만큼 집중하는 임베디드 개발자입니다.

어떤 자기 소개서가

더 기억에 남습니까?

더 호감이 갑니까?

더 간절해 보입니까?

더 준비되어 있는 것 같습니까?

이렇게 호감가는 자기 소개서가 되기 위해서는 '스토리텔링'이 필요합니다. 스토리텔링이 필요하다는 이야기는 많이 들어보셨을 겁니다. 아마 몇 가지 작성 기법도 알고 있을 겁니다.

다양한 스토리텔링 기법들이 있겠지만, 이 책에서 저는 제가 주로 활용하는 3가지 기법을 설명드립니다. 그것은 〈PREP 기법〉, 〈SDS 기법〉, 〈OREO 기법〉입니다.

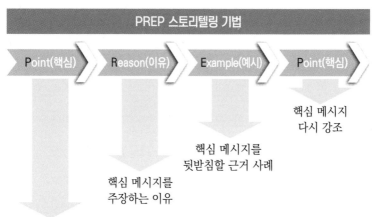

PREP 스토리텔링 기법

Point(핵심) > Reason(이유) > Example(예시) > Point(핵심)

핵심 메시지를 가장
먼저 언급

핵심 메시지를
주장하는 이유

핵심 메시지를
뒷받침할 근거 사례

핵심 메시지
다시 강조

인사 담당자들은 적게는 몇 십 명에서 많게는 수만 명의 서류를 살펴 보아야 합니다. AI가 필터링하고 담당자가 확인하는 경우도 있지만, 그래도 마음이 급한 것은 변함이 없습니다.

"그래서 하고 싶은 말이 뭐야?"

"그래서 어떤 능력이 있다는 거지?"

PREP 기법은 이처럼 핵심을 먼저 말하고 타당한 이유와 예시를 들어 이야기합니다. 인사 담당자 입장에서는 이해가 잘되고 답답하지 않아서 좋을 것 같습니다. 그리고 마무리할 때 다시 핵심 메시지를 작성합니다. 그래서 '어떻게 기여하는 사원이 되겠다.' 그래서 '어떤 모습을 보여줄 수 있는 인재다.'라고 말할 수 있겠지요. PREP 기법은 주로 지원 동기 및 트렌드에 대해 알고 있는지 물어볼 때 사용하면 좋습니다. 오른쪽은 PREP 기법의 예시입니다.

예시에서 보시는 바와 같이 기업 지원 동기를 쓸 때 자신이 그 기업의 역사나 오래된 전통 있는 회사라는 부분에서 매력을 느꼈다면 이같이 작성할 수 있겠습니다. 그 외에도 그 기업의 비젼(수출 성과, 기술력 등)이나 규모면에서 매력을 느꼈을 수도 있습니다. 어렵게 생각하지 말고 일단 앞서 알려드린 대로 기업에 대해 조사하시고 여러 가지 기업의 장점 중에 특히 어떤 점을 매력적이라고 느꼈는지 이야기 해주세요. 기업에서도 충분히 납득할 수 있도록요.

PREP 기법을 활용한 기업 지원 동기

1938년 설립된 ○○기업의 역사가 지원해야 할 가
치를 말해 줍니다.

Point(핵심)

스타트업 회사가 거대 기업이 되기까지는 ○○년의
시간이 걸리고, 그사이에 ○○%의 기업은 도태되
어 사라진다고 알고 있습니다.

Reason(이유)

물론 요즘 IT 플랫폼 기업의 경우에는 생각보다 빨
리 거대 기업으로 성장하기도 합니다. 하지만 제조
회사의 경우에는 극히 드문 일이며, 지속 성장과 유
지는 더욱 어려운 일이라고 생각합니다.

Example(예시)

그래서 역사가 ○○기업의 가치라고 생각하고 지원
하게 되었습니다.

Point(핵심)

한편 SDS 기법은 검색해 보면 잘 나오지 않습니다. 저는 〈굿아이
디어〉 최필규 대표님을 통해 배우게 되었네요. 원래 SDS 기법에서 D
인 디테일에 속하는 STAR 기법은 알고 있었습니다. 이 기법이야 말
로 유명하지요. 하지만 컨설팅을 하면서 STAR의 한계를 느끼게 되어
저 나름대로 SDS 스토리텔링 기법과 비슷하게 사용하게 되었습니다.

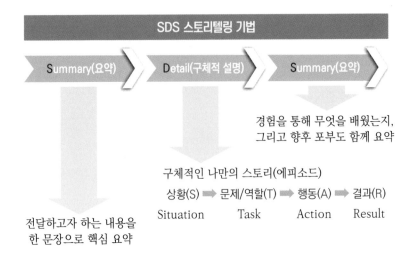

SDS 기법을 활용한 기업 지원 동기

○○기업 ○○○ 사장님의 상황 대처 능력

에 관한 기사를 읽었습니다.

➡ Summary :
한 문장으로 핵심 요약

당시 사장님은 호주 출장 중이었고, 회사에

는 고객 정보 유출 사건으로 상황이 심각했

습니다. 출장 중이었음에도 불구하고 신속

한 보고와 사장님의 빠른 인정, 사과 덕분에

○○기업은 이후 고객들에게 더욱 사랑받는

기업이 되었고, 결과적으로 ○동안 ○%의

성장을 이룰 수 있었다고 생각합니다.

➡ Detail :
구체적인 스토리

이처럼 발빠르게 대처하는 조직 문화와 사
장님의 마인드를 본받아 입사 후 조직이 지
향하는 바를 잘 따르고 싶습니다.

Summary :
한 문장으로 핵심 요약

SDS 스토리텔링 기법도 PREP 기법과 비슷합니다만, 조금 더
디테일합니다. 핵심부터 말하는 PREP, 요점부터 말하는 SDS. 여기
까지는 비슷합니다. 하지만 본론에서 이유와 예시를 말하는 PREP
기법과는 달리 SDS 기법의 디테일은 '어떤 상황에서 어떤 어려움이
나 문제가 있었는데 내가 어떻게 행동해서 어떤 결과를 얻었다.'와
같이 조금 더 자신의 성과에 집중하는 모양새입니다. 성과를 보여줘
야 하는 질문에는 SDS 기법이 유용하겠지요?

왼쪽 내용은 제가 현대카드에 근무할 당시 정태영 사장님의 대
처 방법을 보고 느낀 점을 작성해본 것입니다. 실제로 감명받은 사
례였습니다.

다음은 하버드대학교의 글쓰기 기법 OREO입니다. 자세히 보면
PREP 기법과 유사합니다만, 이것도 유명한 글쓰기 기법 중 하나라
서 소개해 봅니다. OREO 기법은 PREP 기법보다 강조 표현이 좀
더 느껴집니다. 자신을 인사 담당자에게 판매한다는 생각으로 세일
즈나 설득 방법으로 활용하면 좋겠습니다. 마지막 할 말은 OREO기

법으로 사용해도 좋습니다.

OREO 기법		
Opinion	만일 ~한다면 ~하라	핵심 의견 제시
Reason	왜냐하면 ~하기 때문이다	이성 자극
Example	예를 들어 설명하면 ~	감성 자극
Opinion / **O**ffer	~하려면 ~하라	핵심을 다시 강조하고 원하는 반응을 분명하게

OREO 기법의 예시

Opinion   만일 창의성이 좋은 인재를 채용하고 싶으시다면 저를 주목해 주십시오.

Reason   왜냐하면 창의력을 높이기 위해 평소 브레인스토밍에 대해 연습해 왔기 때문입니다.

Example   예를 들어 사막에서 모래를 판매해야 하는 미션이 있다고 해도 저는 안 되는 방법이 아닌 되는 방법에 대해 브레인스토밍 해 볼 것이고, 관점을 전환시켜 해답을 찾아나갈 수 있습니다.

Opinion   그렇기 때문에 창의성이 좋은 인재를 채용하고자 하신다면 저를 기억해 주십시오.

이렇게 활용할 수 있습니다.

실제 서류 피드백 예시

1. 삼성전자를 지원한 이유와 입사 후 회사에서 이루고 싶은 꿈을 기술하십시오.

> 전체를 수정할 필요가 있다고 느낍니다.

      700자 (영문으로 작성 시 1,400자) 이내

삶을 조금 더 편리하게, 즐길 수 있게

> 소제목이 너무 일반적으로 보입니다. 지원자의 특장점을 찾아보기 힘듭니다.

인생은 짧기에 하고 싶은 일을 하기에도 시간이 항상 부족합니다. 하지만 여러 가지 상황이 우리를 불편하게 만듭니다. 어떻게 하면 최대한 편리하게 살아갈 수 있을까 라는 생각으로부터 지금의 나가 시작되었습니다!

> 일단, 무슨 말을 하는지 모르겠네요. 서론에서는 질문에 알맞은 내용을 두괄식으로 요약해서 말하는 것이 좋습니다.

학부 시절 파이썬 기반 사물 인터넷 프로그래밍 과목을 수강하며, TF-mini LiDAR. 서보 모터, 스텝모터 등 다양한 센서와 액추에이터를 직접 제어하며 IoT 기술에 관심을 가지게 되었습니다. 이에 그치지 않고 방학 중 교내 IoT 공모전으로 시작하여, 창의적 종합 설계 경진 대회에 참가하였습니다. 지금까지 배운 전공과목과 특별 교육

> 삼성에 지원한 이유가 너무 뒤쪽에서 나오네요. 그게 궁금해서 읽고 있는 담당자 입장에서는 답답할 것 같아요. 그리고 삼성의 특징과 매력에 대해 적어주지 않아서 다른 기업에도 다 지원할 수 있는 글 같아요. 변화를 선사하는? 거창하고요. 그런 기업은 주변에 매우 많지요.

과정을 통해 배운 지식을 활용하여 '시각장애인을 위한 지하철 길 안내 로봇'을 구현하며 IoT 기술에 더욱 흥미를 느끼게 되었고, 사람들의 일상에 희망적인 변화를 선사하는 삼성전자 가전 사업부에 지원하게 되었습니다.

사회에 공헌하는 사람이 되기 위하여 •────

굳이 한 질문에 2가지 소제목을 쓸 필요가 있을까요

캡스톤 디자인 프로젝트에 참여하며 시각장애인에 대한 사전 조사를 진행하였습니다. 이 과정에서 현재 우리 사회에는 시각장애인 등 사회적 약자들이 쉽게 사용할 수 있는 제품이 많이 없다는 것을 알게 되었습니다. 불가능한 것을 성취할 수 • 있도록 사람들을 돕는 삼성전자 가전사업부의 일원으로서 사회적 약자를 위한 다양한 가전 기기를 개발하여 이들의 삶을 조금 더 윤택하게 만드는 꿈을 가지고 있습니다.

삼성은 사회적 기여를 많이 하는 기업 중 하나지만 그것이 주목적은 아니라서 회사 생활을 고려하지 않은 지극히 개인적인 삶과 꿈을 작성하신 것 같아요. 회사에서 알맞은 인재라고 과연 생각할지 의문입니다.

보시는 바와 같이 서론에서 무슨 말을 하려고 하는지 알 수가 없습니다. 본론에서는 기술에 관심을 가지게 된 계기, 대회 참가 등을 이야기하면서 삼성전자 지원 동기를 말하고 있습니다. 결론에서는 뜬금없이 사회적 약자를 위한 기기를 개발하고 싶다고 말합니다.

이 글을 제가 SDS 기법을 활용하여 틀을 잡아보겠습니다.

Summary :

삼성전자는 기술도 좋지만 마음씨도 좋은 회사입니다. 뛰어난 기술력으로 사회적 약자를 돕고 있는 삼성전자의 기업 가치에 공감되어 지원하게 되었습니다.

Detail :

졸업 작품에서 시각장애인을 위한 기기를 개발한 적이 있습니다. 시각장애인을 대상으로 기기를 개발하게 된 계기는 무엇이었으며, 저희 팀은 어떤 목표를 세웠습니다. 그러나 어떤 문제가 발생되었고, 그 상황에서 저는 어떤 역할을 하였습니다. 덕분에 무사히 마무리할 수 있게 되었습니다. 결과적으로 수상은 못했지만 아이디어가 좋다는 평가를 받게 되었습니다.

Summary :

이처럼 사회적 약자를 생각하는 마음으로 삼성전자에서 엔지니어로 일하고자 합니다. 언제든 우리는 기술이 필요한 약자의 위치에 놓일 수 있습니다. 그런 인류를 위한 기술을 삼성전자에서 만들고 싶습니다.

자기 소개서의 질문은 삼성전자에 지원하는 이유와 회사에서 이루고 싶은 꿈에 관한 것입니다. 서론에서 두괄식(중심 내용이 글의 첫머리에 오는 구성 방식)으로 사회적 약자를 돕는 삼성전자의 기업 가치에 공감하여 지원하게 되었다고 말했습니다. 본론에서는 그와 관련된 사례를 풀어 적었고, 결론에서는 입사 후 이루고 싶은 꿈을 인류를 위한 기술이라는 키워드로 작성했습니다.

이렇게 기법을 활용하여 큰 틀을 잡았다면 다음은 여기에 적절한 자신의 키워드와 사례가 들어가면 됩니다.

지금까지 서류 작성 기법을 설명드렸습니다. 지금부터는 서류 작성 시 주의 사항을 말씀드리려고 합니다.

첫째, 서류는 채용 공고가 게시된 것을 보고 작성하지 않습니다. 서류는 언제부터 작성해야 할까요? 저는 실천 점검 단계에서 작성해 보기를 권합니다. 말씀드렸다시피 실천 점검 단계에서 서류를 작성해 보면 자신의 강점 키워드와 보완해야 할 점들이 보입니다. 그런데 채용 공고가 게시되면 약 열흘 안으로 서류를 제출해야 합니다. 혼자 작성해도 그 시간은 빠듯한데, 교내 컨설팅이라도 받아보려면 한창 채용 공고가 많이 게시될 때에는 바로 컨설팅을 받기가 쉽지 않습니다. 그러니 미리미리 준비하는 겁니다. 자신의 인생을 좌지우지할 수 있는 첫 관문인데, 대충 쓸 수는 없지 않겠습니까?

미리 준비합시다!

둘째, 뻔한 서류는 작성하지 않습니다. 여기서 말하는 뻔하다는 이야기는 바로 이것입니다.

- 영업직군에 지원하니까 커뮤니케이션 능력과 친화력을 부각 시키는 것
- 사무 행정직군에 지원하니까 꼼꼼하고 책임감 있는 성격과 태도를 위주로 작성하는 것 등

해당 직무를 생각하면 누구나 떠올릴 수 있고 누구나 작성할 수 있는 그런 내용을 작성하는 것! 이 책을 읽은 분이라면 그러지 않았으면 합니다. 이것은 매우 1차원적인 서류라고 생각합니다. 창의적이지도 않고 성의가 부족하다는 생각도 듭니다. 조금만 더 신경을 쓴다면 다른 표현들이 나올 수도 있었을 텐데 말입니다.

인사 담당자는 누구나 사용하는 그 표현들에 매우 피로감을 느낍니다.

'아! 또 커뮤니케이션이랑 소통 이야기야??'

인사 담당자가 이런 피로감을 느끼지 않도록 자신만의 키워드가 부각될 수 있도록 연구하세요.

셋째, 어린 시절 이야기, 군대 이야기는 작성하면 안 된다는 말! 믿지 마세요! 카더라 통신에 의하면 '어린 시절 이야기나 군대 이야기는 작성하면 마이너스다!'라고 들었을 겁니다. 하지만 저는 아니

라고 말씀드립니다. 그것은 오해입니다.

6살 때부터 컴퓨터를 다루었고 초등학생 때는 컴퓨터를 조립해서 용돈을 벌었습니다. 그리고 그 청년은 지금 미국 구글 협력 회사 인턴을 거쳐 쿠팡에서 백엔드 개발자로 일하고 있습니다.

맞벌이하는 부모님과 함께 살면서 혼자 있을 때면 컴퓨터 게임을 즐겼습니다. 게임을 하기 위해 컴퓨터 성능을 높이고 싶었고, 6살 때부터 성능을 업그레이드하기 위해 램카드, 그래픽카드 등을 교체하며 컴퓨터를 다루기 시작했습니다.

초등학교 3학년 때부터는 컴퓨터에 대한 관심이 커지면서 컴퓨터 학원을 다녔고, HTML과 자바 스크립트를 활용하여 개인 홈페이지를 만들었습니다.

중학교 1학년 때는 저의 컴퓨터가 고장나서 집으로 수리 기사님이 오셨는데, 그 기사님과 컴퓨터에 대한 이야기를 나누면서 친분이 쌓였고 그분의 조수가 되어 약 3개월 동안 무료로 컴퓨터 수리를 도와드렸습니다.

그렇게 유년 시절을 보내고 더욱 체계적으로 배우기 위하여 정보통신학과에 진학하게 되었고, 대학교 학업뿐 아니라 실무 경험을 쌓고 싶어서 다양한 대회 및 기업에서 경험을 쌓았습니다. 이 경험들을 토대로 이베이 코리아 인턴이 되어 기여하고 싶습니다.

다음 사례는 정보통신공학도에서 유통 기업 영업 관리자로 변신한 학생의 자기 소개서입니다.

1. 나의 '인생 가치관'에 대해 성장 과정 또는 경험을 바탕으로 서술해 주십시오. (563/600자)

"7살 어린이는 지금도 최선을 다해 살고 있습니다."

7살 때부터 약 8년간 바둑을 했는데, 대회에서 7회 이상 우승하면서 '최선'이라는 가치를 중요하게 생각했습니다.

코로나 발생 전부터 대학가에 있는 고기집에서 일해 왔는데, 매출이 반토막이 나면서 매출에 대한 압박이 저에게도 고스란히 전해졌습니다. 아르바이트생이라서 더 잘되는 식당으로 이동할 수도 있었지만, 주어진 여건에서 최선을 다하고자 매출 향상 방법에 대해 고민했고, 주변 고객층이 자취생이었기에 "배달을 시작합시다!"라고 의견을 제안했습니다.

처음에는 그게 될까? 의문을 품던 사장님께 제가 조사해 보겠다고 말씀드렸고 첫째, 주변 동료 약 300명에게 구글폼 설문 조사를 통해 삼겹살, 막창, 양념갈비 중 타겟 고객의 메뉴 선호도를 파악했고 둘째, 매입 단가대비 이윤, 조리 시간, 3km 이내 경쟁 가게 숫자를 비교해서 최종적으로 막창을 구워 배달해 보기로 결정했습니다.

이 경험을 통해 매출 30% 향상이라는 결과와 함께 '최선'이라는 가치를 가지고 고민한 결과 '어려운 상황 속에서도 돌파구를 찾을 수 있다.'라는 것을 깨닫게 되었습니다.

2. 평소 내가 가장 좋아하는 일은 무엇인지 구체적인 경험을 바탕으로 서술해 주십시오. (572/600자)

"나에게 사람을 만나는 일은 자산을 쌓는 일"

평소 제가 가장 좋아하는 일은 사람을 만나는 일입니다. '사람'하면 떠오르는 해시태그는 #자산, #행복이라고 생각합니다.

산책을 좋아해서 혼자서도 산책을 자주 하지만, 친구와 하는 산책은 '대화'가 있기에 더욱 값집니다. 20대라 단순한 연예 이야기가 오고갈때도 있지만 추억 떠올리기, 미래에 대한 불안에 대한 공감, 발전적인 이야기들을 주로 하는데, 이는 돈으로 물건을 산 기쁨과는 비교할 수 없을 정도로 저에게 행복감을 줍니다. 그래서 사람을 만나는 일은 저에게 자산을 쌓는 일입니다.

사람을 만나는 것 자체가 좋아서 동아리 활동을 시작하게 되었고 회장직까지 맡게 되었으나 100명 정도 되는 동아리원 중 약 20%만 활동에 참여하고 있는 실정이었습니다. 이에 간부들과 저조한 참여율에 대해 원인 파악에 나섰고, 활동에 대한 흥미와 필요성을 어필하기 위해 저학년 60명을 간부 8명이 1:1로 케어하면서 동아리에 대한 관심의 물꼬를 틔웠습니다. 이를 시작으로 대외 활동 건수 및 참여 성적에서 우수한 성적을 거두어 꼴지에서 1등 동아리가 되는데 기여할 수 있었습니다.

3. 지원 회사 또는 직무와 밀접하게 연관되는 국내외 최근 이슈/트렌드/ 사회 현상 중에서 한 가지를 선택하여 자신의 견해를 서술해 주십시오. (593/600자)

"현재보다 앞으로가 더 기대되는 K-Food"

1990대 말 중화권을 시작으로 현재는 BTS, 오징어 게임 등으로 전 세계가 한류의 매력에 푹 빠져 있다고 해도 과언이 아닌 것 같습니다. 또한 오징어 게임에 나오는 달고나, 초록색 트레이닝복 등은 국내외에서 엄청난 소비를 불러일으키고 있다고 합니다.

이같은 한류 열풍은 화장품과 패션을 넘어 이제는 한국의 식문화에 대한 관심으로 이어져 있으며 현재 미국, 일본, 중국, 베트남에 해외 사업장을 두고 있는 동원 F&B는 전체 매출액에서 약 3% 내외의 매출 비중을 차지하고 있는 것으로 확인했지만, 한류로 인해 앞으로 해외 매출 비중이 더 늘어날 것으로 생각됩니다.

또한 EU에 대한 K-Food 수출액은 2020년 대비 20%나 증가하면서 라면, 음료, 만두 외에도 한국적 식재료 소비도 꾸준히 늘어나고 있는 상황인데, 특히 유럽 시장에서는 한국의 식자재와 비건 음식인 비욘드미트의 진출로 인해 동원F&B의 성장이 기대되는 바입니다.

이처럼 해외 수출 확대로 인한 다양한 상품 연구 개발은 영업에 활력을 더할 수 있을 것이며, 회사의 매출 향상은 직·간접적으로 저에게 긍정적인 효과로 다가올 것입니다.

4. 지원 직무를 희망하게 된 동기를 구체적으로 서술해 주십시오. (581/600자)

"할 말이 많은 지원자!"

시장 및 고객 분석을 통해 매출 향상에 기여하면서 영업 직무에 대한 흥미와 확신을 얻었습니다. 이어 약 4개월 동안 주말마다 대구에서 서울로 올라가 대기업 영업/마케팅 프로젝트 리더로 활동하였으므로 경영학과 ICT융합 인재로서 영업 직무를 잘 수행할 수 있을 것 같습니다.

위에서 말씀드린 고기집 아르바이트 경험 외에도 일본식 선술집 아르바이트에서 해당 가게의 매출을 향상시키기 위해 주변 경쟁 가게에 미스터리 쇼퍼로 방문 분석한 결과, 주고객 층인 40~50대에 맞는 서비스 안주로 삼계탕을 기획하여 매출 향상에 기여하였습니다.

또한 대형 마트 축산 양념육 코너에 근무하면서 일주일 동안 설문을 통해 2팩으로 묶어 할인 판매하는 것이 양이 많아서 인지 비싸서인지 어떤 사유로 판매량이 영향을 받고 있는지 분석하여 판매 방식 변경 및 레시피 안내로 매출 향상에 기여하였습니다.

대기업 영업/마케팅 교육, 브랜드 매니저 교육, 라이프스타일 & 식품 데이터 분석과 관리, 비즈 니스 커뮤니케이션 등 100시간 교육을 이수한 경험과 ICT 전공자로서 의미 있는 데이터 분석으로 동원 F&B에서도 제 역량을 발휘하고 싶습니다.

5. 지원 직무에서 다른 지원자들과 '차별화되는 강점 키워드'를 해시태그 형태로 표현한 후(예시 #파워 블로거#상담의 달인 #연결고리) 지식, 경험, 성격의 각 강점을 서술하세요. (797/800자)

"그게 가능해? 가능하네!!"

영업 직무를 잘 수행하기 위해서 성실함과 원만한 인간 관계, 동시 다발적으로 발생되는 일에 대해 융통성 있게 대처하는 능력이 중요하다고 생각하며 이 부분에 대해 제 강점 3가지 #새벽 4시, #데일카네기, #동시다발에 대해 표현해 보겠습니다.

위에서 말씀드린 대로 저는 4개월 동안 대구/서울을 왔다갔다 했는데, 이때 22학점을 이수 중이었으며 주중 하교 후에는 아르바이트를 하였습니다. 주말에는 매주 토요일 새벽 4시에 기상해서 대기업 영업/마케팅 교육 및 프로젝트 리더로 참여했습니다. 컨디션이 좋지 않고 심신이 피곤

할 때는 서울까지 간다는 것이 부담스러울 때도 있었으나 제가 선택한 진로이고 그에 대한 호기심과 열정, 사람들을 만나서 으쌰으쌰할 생각을 하며 힘을 낼 수 있었습니다. 여기서 저의 성실함, 직무에 대한 노력과 열정, 책임감을 엿볼 수 있으리라고 생각합니다.

본래도 사람을 좋아하고 인간 관계 스킬이 좋은 편이라고 생각했지만, 후회 없는 대학 생활 및 영업 직무에 필요한 스킬을 향상시키기 위해 초·중·고등학교 학생들을 대상으로 멘토, 봉사 활동 팀장, 데일 카네기 리더십 캠프 기수 회장, 교내 동아리 회장 등을 하며 다양한 사람들과 교류하면서 상담 스킬과 융통성을 기를 수 있었습니다.

마지막으로 활동량이 많은 저는 챙겨야 할 것들이 많았기에 늘 메모하고 확인하며 꼼꼼함까지 향상시켰습니다. 글을 작성하는 이 순간에도 많은 양의 문자들이 저의 답을 기다리고 있습니다.

위와 같이 저의 3가지 강점 키워드를 통해 동원F&B에 입사하게 된다면 좋은 성과로 전사에 우수 영업 사례를 전파해 보고 싶습니다.

말씀드린 것처럼 저는 어린 시절이라도 기억에 남은 경험이나 에피소드가 있으면 작성을 할 수 있다고 생각합니다.

이 학생은 1단계 자기 이해 대화를 통해 이렇게 키워드를 뽑았습니다. #최선, #사람, #리더, #노력파 등 많은 키워드가 나왔습니다.

그리고 직무 내용에 알맞게 키워드를 활용하고자 노력했습니다. #시장조사, #트렌드분석, #인간관계, #매출관리 등을 작성 기법에 따라 적어보았습니다.

마지막으로 글의 내용에서 키 메시지가 될 부분을 소제목으로 위트 있게 만들어 봅니다.

아시겠지만 소제목을 먼저 작성하면 소제목에 갇혀서 글이 자유롭게 작성되기 어렵습니다. 그리고 위트 있게 만들자는 말도 호감이 가고 읽어 보고 싶은 자기 소개서를 만들자 라는 것이지 자만하고 무례한 소제목을 작성해도 된다는 말이 아닙니다.

"마케팅에 최적화된 지원자!"
시장 및 고객 분석을 통해 매출 증가에 이바지하면서 영업직무에 대한 흥미와 확신을 얻었습니다. 약 6개월 동안 화장품과 웨딩을 주관하는 회사에서 아르바이트하면서 대표의 눈에 좋게 띄었으며, 그로 인해 조기 취업하였습니다. 결혼식 진행 업무 주관, 화장품 영업/마케팅 업무를 담당하게 되었으며, 실제로 제가 아이디어를 제시한 색소 침착 개선 화이티쉬 화장품이 출시하는 성과를 거두었습니다. 그덕에 의료기기 마케팅, 시장조사, SNS, 유튜브 등 홍보에 강점이 있고 회사에 필요한 인재가 될 것이라고 확신합니다.

위에서 말씀드린 근무 경험 외에도 패밀리 레스토랑에서 서버로 총 2년 3개월 이상 근무하였습니다. 그 덕에 고객을 대할 때 어떠한 태도로 임하는 것이 중요한지 알게 되었으며, 당시 이달의 우수사원으로 여러 번 선정되었고, 실제로 레스토랑 홈페이지에 제 칭찬이 올라온 적도 있었습니다. 그 뒤에 동료가 홈페이지에 올라온 제 칭찬 소식을 들려주었을 때 제 성실함과 노력을 인정받았다는 기분이 들었습니다. 그 덕에 업무를 하면서 마음가짐을 소중히 할 수 있었으며, 해당 역량이 마케팅을 할 때에도 큰 도움이 될 것이라고 장담합니다.

안전관리사 업무를 수행하면서 겪은 수많은 경험 중 고소 작업 시에 안전 장비를 제대로 착용하지 않은 팀원에 관한 사라계가 있습니다. 해당 팀원에게 추락 사고 사례를 이야기하며 안전 작업에 대하여 충고한 덕분에 사고 없이 안전하게 작업을 마칠 수 있었습니다. 이처럼 안전관리사 업무를 하면서 산업 전반에 위험이 많음을 느꼈습니다. 사고라는 게 항상 예기치 못한다는 것을 배웠으며, 그 덕에 돌다리도 두들겨 보는 꼼꼼함을 겸비할 수 있었습니다. 이 때문에 팀원들과 밀접하게 잘 어울리면서 끈기와 노력도 길렀습니다.

다양한 기업에서 경험을 쌓았고 서버로 근무하였던 끈기를 활용하면 아주약품의 영업·마케팅 직무에서 제 역량을 충분히 발휘할 수 있으리라 생각합니다.

위 자료는 의료기기 세일즈 직무인데, 마케팅에 최적화되었다고 말하는 지원자의 실수입니다. 실제 영업과 마케팅 직무를 헷갈려 하는 학생들이 많은데, 이는 정말 직무 조사를 조금도 하지 않았다는 생각이 들어 안타까운 마음이 듭니다.

이처럼 1단계에서 5단계까지 수집한 자료들을 토대로 스토리텔링 기법을 활용하여 자기 소개서를 작성하는 방법을 알아보았습니다. 서류 합격률이 올라가는 소리 들리시나요?

이제 마지막 7단계로 달려 가보겠습니다. 휘리릭~

프로세스 7단계
면접 준비

preparing for interview

1. 자기 이해
홀랜드검사
자기 분석

2. 직무 조사
나만의
직무 기술서

3. 목표 설정
목표 수집
자료 수집

4. 취업 전략
취업 전략
계획서

5. 실천 점검
실천 확인
동기부여

6. 서류 작성
입사서류
입학서류 등

7. 면접 준비
인성, 직무, 외국어
PT, 토론 등

"**안**녕하십니까? 이번에 전기직에 지원한 지원번호 10번 OOO입니다."

"안녕하십니까? 이 직무를 위해 3년을 준비해 온 OOO입니다."

둘 중 누가 더 준비가 잘 되어 보이나요? 이번 면접 시간이 어떤 직군의 면접 시간인지 모르고 들어오는 면접관은 없을 것입니다. 특히 실무진 면접의 경우 지금 이 시간은 전기직군의 면접 시간임을 당연히 알고 있습니다. 기본적으로 모두가 알고 있는 상황에서 자신에게 주어진 1분 가량의 자기 소개 시간을 이런 내용으로 보내서야 되겠습니까?

"한 문장도 헛으로 버리지 맙시다!"

퍼스널 브랜딩 시대입니다. 단번에 자신의 키워드를 찾기 어려울 수 있습니다. 하지만 노력하십시오. 요즘은 1분 자기 소개도 길다고 중간에 끊긴다고 하지요. 너무 뻔하고 지루한 내용으로 면접관을 졸리게 하면 안 되겠습니다.

요즘 면접의 종류가 참 많습니다. 이제는 메타버스 면접까지 등장했지요? 취업을 준비하는 사람 입장에서 생각해 보면 참 힘들겠다는 생각이 듭니다. 7단계 면접 준비에서는 면접에서의 기본 예절과 면접 종류별 방식, 준비 방법을 알려드립니다.

7단계 면접 준비는 1단계 자기 이해부터 6단계 서류 작성 부분까지 모든 단계를 표현해 내야 합니다. 그것을 글로 하면 서류 작성이고, 말로 하면 면접 준비지요.

자! 그러면 면접 준비는 어떻게 하면 좋을까요? 여러분은 어떻게 하고 계세요? 기본적으로 자기 소개서를 다시 살펴 보고 회사 홈페이지에 들어가서 인재상이나 제품 등을 살펴 보는 정도는 다 하실 겁니다. 저의 경우 1단계 자기 이해 컨설팅의 결과물부터 6단계 서류 작성 내용까지 다 살펴 봅니다. 예를 들면 홀랜드 검사 결과 해석 내용, 자기 분석 후 발견한 강점 키워드들, 나만의 직무 기술서를 작성하고 이해하면서 도출된 직무 내용 키워드, 전략을 세우고 실천하면서 느끼고 깨달은 것들, 자기 소개서 예상 질문 뽑기 등 되돌아

볼 것들이 많습니다.

이건 정말 면접 준비의 기본이지요. 여기에 덧붙여 면접에서 자주 나오는 기출 질문들을 수집하고 면접 후기 및 현직자가 말하는 해당 기업·직무에서 물어볼 수 있는 질문들, 그 외에도 채용 프로세스에 따라 1차 실무진 면접, 2차 임원 면접···. 그 외에도 다양한 면접의 종류별 준비···.

서류를 통과하고 바로 면접 프로세스로 넘어가는 기업도 있지만, 어떤 기업들은 서류 〉 인·적성 시험 〉 AI 면접 〉 본격 면접으로 들어갑니다.

면접에 관련된 정보가 많은 기업의 면접을 준비할 때는 자신이 어떤 상황에 놓여질지 예상할 수 있어서 그나마 준비만 잘하면 된다는 생각이 듭니다. 하지만 면접에 관련된 정보가 많지 않은 기업의 면접을 준비하려면 그렇게 막막하고 불안할 수가 없습니다. 물론 다양한 면접 후기 사이트를 통해 운 좋게 정보를 얻을 수도 있습니다. 그럼에도 불구하고 취업을 준비하는 사람이라면 기본적인 면접 준비는 하고 있어야겠지요? 면접 컨설팅을 하다 보면 저 또한 한껏 긴

서류 〉 인·적성 〉 1차 면접 〉 2차 면접 〉 최종 합격

장되고 결과가 기다려집니다. 그때는 정말 함께 운동장을 뛰고 있는 페이스 메이커가 되는 느낌이랄까요?

지금부터는 면접의 기본인 면접 예절부터 설명드리겠습니다.

면접 예절이란? 면접 전과 후 그리고 면접 중에 갖추어야 할 언어적 · 비언어적 표현들이라고 할 수 있습니다.

조금 더 상세하게 말씀드리겠습니다.

면접 전

면접을 위해 연락을 주고받을 때가 있습니다. 이때 문자나 전화를 받는 목소리에서도 어떤 사람인지 느껴진다는 것을 알고 계시지요? 예를 들어 우리는 상대방이 무엇을 먹으면서 통화를 하면 "너 뭐 먹고 있어?"라고 물어보기도 합니다. 비록 실무자가 아니더라도 안 좋은 소문이 어디까지 발이 달려서 갈지 모르니 조심해야겠지요.

면접 시간을 지키는 것은 면접자로서 가장 기본이라고 할 수 있습니다. 하지만 아직도 다음과 같이 인사 담당자를 실망시키는 사람들이 있다고 합니다. 지각은 당연히 안 됩니다. 보통 30분 먼저 도착하는 것이 예의라고 하죠. 어떤 분들은 조금 더 일찍 가서 기업 내 분위기를 경험해 보고, 면접 중에 기업 분위기를 칭찬하는 등으로

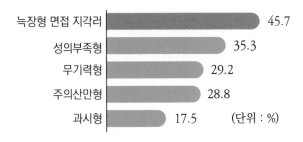

면접 조기 탈락을 부르는 꼴불견 지원자 톱 5
※인사 담당자 479명 복수 응답 결과 (자료 : 잡코리아)

인사 담당자의 호감을 얻기도 합니다.

회사에 도착하기 전부터 콩닥거리는 마음은 주체할 수가 없습니다. 면접도 연습이 필요하죠. 첫 면접만큼 떨리는 것이 없는 것 같아요. 저도 삼성전자 강사 면접 때 청심환을 먹고 갔습니다. 효과요? 효과는 제가 무뎌서 그런지 잘 모르겠습니다. 다만 회사 근처에 도착했다면 인사팀에 도착했다고, 미리 연락을 해드리는 것도 좋습니다. 회사 복도에서 만나는 사람들과도 인사를 나누는 여유를 보여주는 것도 좋습니다. 그중 누가 면접관으로 들어올지 모르잖아요.

인터넷을 찾아보면 검색이 잘 되는데도 불구하고 어떤 옷을 입고 가야할지 늘 고민됩니다. 봄이면 봄이라서, 여름이면 여름이라서 고민이 됩니다. 실제로 면접 발표가 나면 가장 먼저 준비하게 되는 것도 면접 복장입니다. 옷부터 사러가지요? 하지만 직무나 기업 문화별 면접 복장이 다르다는 걸 아시나요??

OO이는 총무직 지원자로서 면접에 갔는데 "왜 정장을 입고 왔냐?"는 질문을 받았다고 합니다. 요즘 추세는 비스니스 캐주얼이죠. 그렇다고 해서 정장을 아예 입지 않는 것은 아닙니다. 하지만 총무직이라고 보수적일 거라는 생각에 회사에서 안내한 사항(비즈니스 캐주얼)을 놓친다면 외계인 취급을 받을지도 모릅니다.

비즈니스 캐주얼의 예시

다음 페이지의 사진은 면접 기본 정장의 예시입니다. 확실히 비즈니스 캐주얼과는 느낌이 다르죠?

면접 복장, 먼저 여성부터 설명드리겠습니다.

구두는 8cm 이상으로 높은 구두나 3cm 이하의 플랫슈즈보다는 5cm 정도의 굽이 있는 것이 적당합니다. 물론 자신의 신장에 따라 선택하시면 됩니다. 그리고 남성이든 여성이든 구두 색깔은 바지나 치마 색깔에 맞춰 신는 것이 보기 좋습니다. 남색 바지를 입었다면 남색 또는 검정색 구두를 신는 것이 무난합니다.

치마를 입었을 경우에는 의자에 앉는 자세까지 고려하여 무릎 밑을 권해드립니다. 그렇지 않으면 치마가 너무 올라가서 눈살을 찌푸리게 하더라고요.

　　아래위 치마나 바지 정장 세트를 많이 구매하시죠? 거기에 알맞은 셔츠나 블라우스를 입으실 겁니다. 그러면 복장은 괜찮은 것 같습니다.

　　악세사리는 달랑거리는 것보다는 딱 붙어 있어야 하며 깔끔한 귀걸이나 반지, 시계 정도까지는 괜찮은 것 같습니다. 하지만 악세사리를 3가지 이상 주렁주렁 하고 가면 면접관은 여러분보다는 악세사리에 눈이 갈지도 모릅니다.

　　화장이나 네일과 같이 컬러가 가미될 때에는 자연스럽고 편안한 컬러를 선택하시길 바랍니다. 아직도 머리카락을 풀어 헤치고 면접에 임하는 분이 계신가요? 단정하게 묶어 주세요.

자연스럽고 편안한 컬러의 네일　　**머리카락은 단정하게 묶는다**

남성의 면접 복장을 설명드리겠습니다.

남성의 경우 간혹 정장에 캐주얼화를 신는 분들을 봤습니다. 그것보다는 정장 구두를 신는 것이 더 갖추고 온 것으로 보입니다. 또한 정장 구두 중 "끈이 있는 것을 살까요? 없는 것을 살까요?"라고 묻는 분들이 있는데, 이것은 본인이 편안한 것으로 선택하면 됩니다.

여성의 정장은 자켓의 단추가 하나인 경우가 많지만, 남성의 정장은 자켓의 단추가 보통 2개가 있는 것이 무난합니다. 단추가 3개 있는 자켓은 그만큼 얼굴을 크게 보이도록 하는 단점이 있어서 정말 두상이 예쁘고 작은 분들이 아니라면 추천하지 않습니다. 그리고 2개 중에 윗 단추를 잠그는 것이 자연스럽습니다.

그리고 남성 정장의 악세사리에는 시계·벨트 등이 있지만, 저는 넥타이가 참 중요하다고 생각합니다. 자신에게 알맞은 패턴과 컬러를 선택했는지의 여부는 취업 면접 이미지 메이킹 수업 중 컬러 진단을 받아보면 쉽게 알 수 있습니다.

참고로 저는 웜톤 가을색을 선호합니다. 제 남편의 면접 복장도 제가 골라주었는데, 정장은 살이 쪄서 못 입게 되었지만 넥타이는 아직도 그대로 있습니다.

　넥타이를 정할 때 본인이 소심하고 소극적으로 보일 것 같아 염려되시는 분들은 패턴이 들어가 비교적 힘 있어 보이는 색상을 고르시고, 남성미가 물씬 풍기는 이미지라면 패턴을 자제하고 원컬러로 따뜻하고 가벼운 색상을 선택해도 좋겠습니다.

　며칠 전에도 컨설팅을 해드렸는데 아직도 이마를 보이는 것이 왜 중요한지 모르는 분들이 계신 것 같습니다. 이마를 보이는 것은 이마가 멋진가 아닌가를 보여주는 게 아니라 자신감과 신뢰의 표현입니다. 그래도 신경쓰이신다면 3분의 1이라도 열어주세요.

　면접 전 대기실에서 자유 분방한 행동은 삼가야 합니다. 누가 간크게 그렇게 하겠는가? 하지만 아직도 그런 사람이 있다고 합니다.

● 면접 대기실에서 다른 면접자와 수다를 떠는 사람

● 다리를 지나치게 떨거나 꼬고 앉아 있는 사람

● 대기실에서 여유롭게 쇼핑이나 게임을 하는 사람 등

이렇게 해서는 안 되겠습니다.

면접 중

문을 열고 들어갈 때

드디어 여러분의 차례입니다. 긴장되는 마음으로 문을 조심스럽게 열어봅니다. 면접관이 있는 것을 확인하면 갑자기 긴장되기 시작합니다. 깜빡하고 목례를 못했네요. 자신도 모르게 로봇처럼 입장합니다. 손과 발이 자기 멋대로 움직이네요.

별것 아닌 것 같지만 문을 열고 혼자든 여럿이든 들어갈 때는 가벼운 눈인사와 목례를 하는 것이 좋습니다. 마치 "저 여기 있어요. 잘 봐주세요." 뭐 그런 느낌인 거죠.

착석 전 인사할 때

착석 전 여러분은 의자 어디쯤에 있습니까? 의자 뒤편? 아니면 오른편? 왼편? 어느 편이든 상황에 알맞게 서서 인사를 준비하십시오. 누군가 "차렷 경례!"라고 해줄 수도 있고, 혼자 마음속으로 해야 할 때도 있습니다.

인사말부터 먼저 하고 인사 자세는 정중례로 취하세요.

"안녕하십니까?" 밝고 적당히 큰 목소리로 기분 좋게 인사합니다. 첫 인상은 3초 정도에도 결정된다고 하잖아요.

인사 예절에는 15도 목례, 30도 보통례, 45도 정중례 이렇게 크게 3가지가 있습니다만, 면접에서 사용되는 인사의 종류는 목례와 정중례입니다. 입·퇴장 시 면접관에게 눈인사를 건네는 것이 목례이고, 제대로 인사하는 것이 정중례라고 생각하시면 됩니다.

가벼운 인사   보통의 인사   정중한 인사

앉을 때

앉을 때는 의자 등받이에 너무 기대지 않도록 조심하세요. 거만해 보일 수 있습니다. 의자 너무 앞쪽에 걸터앉은 느낌은 불안해 보

입니다.

앉은 자세에서

앉아 있는 중에 손가락을 만지작거리거나 다리가 벌어지지 않도록 주의하세요. 평소 모의 면접을 할 때 다른 사람에게 여러분을 찍어달라고 하거나 자신이 직접 휴대폰으로 셀프 촬영하면서 자세를 체크해 보셔야 합니다. 손과 다리를 가지런히 해 주세요.

퇴장 전 인사

면접이 끝났다고 엉겁결에 자세가 흐트러지지 않도록 주의하세요. 면접을 봐주신 데 대한 감사 표현을 해 주세요. 의자에서 일어날 때 소리가 나지 않도록 주의하세요. 가능하다면 마지막 할 말을 꼭 준비해서 하고 나오세요. 퇴장 전 인사는 다시 정중례 45도를 하고, 가능하다면 문 닫기 전 목례까지 챙겨볼 수 있습니다.

면접 후

회사에서 나오기까지 긴장의 끈을 놓아서는 안 되겠습니다. 회사 주변을 벗어나기 전까지 언행을 조심해 주세요. 언제 어디서 인연을 만날지 모르잖아요.

생각보다 신경쓸 부분들이 많죠? 하지만 몇 번만 연습하시면 자연스럽게 동선과 내용을 익힐 수 있을 겁니다. 요즘은 무료 취업 캠프가 많습니다. 취업 캠프에 가면 면접 예절은 기본적으로 알려 줍니다. 조금 부끄럽다고 생각되더라도 모의 면접 상황에 자신을 많이 노출하고 연습해 보세요. 실제로 취업 캠프를 경험한 학생과 그렇지 않은 학생을 컨설팅해 보면 경험을 해 본 학생이 훨씬 자연스럽고 노련해 보인답니다. 이것은 면접에서 그 사람에 대한 호감으로 이어지는 거예요.

면접 예절을 갖추었다면 이제 면접의 종류별 진행 방식과 준비 방법에 대해 이야기해 볼까요?

면접의 종류

1. 인원에 따른 면접의 종류(개별 면접, 그룹 면접)와 주의점

2. 내용에 따른 면접의 종류(인성, 직무, 외국어)와 주의점

3. 방식에 따른 면접의 종류(PT, 토론, 상황, AI)와 주의점

개별 면접은 개인이 지닌 온갖 정보와 지식·경험 등을 충분히 말할 수 있도록 스토리텔링을 준비해야 하고, 그룹 면접은 길게 나열하듯이 말하기보다는 1분 이내로 짧고 임팩트 있게 말할 수 있어야 합니다.

인성 면접은 지원자가 기업의 인재상에 부합되는 인물인지, 회사 동료들과 원만하게 일할 사람인지 등을 파악하게 됩니다. 인성 면접에 나오는 질문은 자기 소개서를 작성하면서 자기 분석이 잘된 분이 유리할 겁니다.

인성 면접 시에 하는 질문은 다음과 같습니다.

"자기 소개 부탁드립니다."

"가족 소개 부탁드립니다."

"자신의 별명을 소개해 보세요."

"자신에게 영향을 미친 인물이나 사건은 무엇인가요?"

"최근에 읽은 책은 무엇인가요?"

"취미나 특기에 대해 말해 주세요."

"주로 어떤 부분에서 스트레스를 받나요? 스트레스는 어떻게 풀

고 있나요?"

"자신을 동물로 표현해 보신다면?"

"친한 친구들을 표현해 주세요."

"좌우명이나 생활 신조에 대해 말씀해 주세요."

직무 면접을 볼 때는 반드시 2, 3단계 직무 조사 및 목표 설정 단계를 거치세요. 지원자의 지원 직무에 대한 지식·기술·능력 등을 평가하기 위해 역량 중심으로 질문하는 것을 말합니다. 직무에 대한 기본적인 이해, 직무 상황에 대한 이해 및 대처 방법 등에 대한 질문이 주를 이룹니다.

직무 면접 시에 하는 질문은 다음과 같습니다.

"입사하면 구체적으로 어떤 일을 하고 싶은가요?"

"해당 직무를 선택한 이유는 무엇인가요?"

"전공이 직무와 안 맞는데 왜 지원했나요?"

"희망하지 않은 분야에 배치된다면 어떻게 하시겠어요?"

"직무 관련 경험에 대해 말해 주세요."

"지원 분야에서 자신이 다른 지원자보다 강점이라고 생각하는 것은 무엇인가요?"

"영업이란 무엇이라고 생각하나요?"

"송배전 직무에서 주로 어떤 상황들이 발생될 것이라고 예상하나요?"

"어떤 개발자가 되고 싶나요?"

"지원 직무를 위해 무엇을 준비해 오셨나요?"

외국어 면접은 기본적으로 영어로 말합니다. 스페인어, 일본어, 중국어 등으로 말하기는 그 지역을 담당하는 해외 영업직원을 채용할 때나 그 지역을 본사로 둔 외국계 기업인 경우가 많습니다. 일반적인 면접 준비와 크게 다를 것이 없습니다. 자기 소개, 지원 동기, 성격의 장단점, 취미 활동 등을 준비해 주세요. 그 외 더 필요하다고 생각되면 기본 한국어 면접 준비를 할 때 예상 질문을 50개 전·후로 뽑아서 연습하니까 그것을 외국어로 변환해서 준비할 수도 있습니다. 물론 타국어로 변환하실 때는 외국어 변환기만 믿으면 안 되고 반드시 전문가의 검토를 받도록 하세요. 무료로 하시려면 본인의 대학 내 어학당을 이용해 볼 수 있습니다. 그러나 필요하다면 외국어 면접만 전문으로 컨설팅하는 곳도 많으니 받아보시는 것도 추천합니다.

외국어 면접은 일반적으로 면접관이 한국어로 질문하면 지원자가 외국어로 답변하는 형식입니다. 하지만 면접관과 지원자가 서로 외국어로 질의 응답을 하는 경우도 있고, 외국어로 된 책이나 신문을 주면서 읽고 해석해 보라는 경우도 있으니 참고하세요.

PT 면접에서는 프리젠테이션의 흐름을 잘 기획하고 쇼맨십을 발휘하여 핵심을 전달하는 것이 좋습니다. 참고로 포항의 어느 공공 기관 면접에서 PT 면접을 준비했던 OO이는 파도 소리와 포항의 대표 명물 사진으로 프리젠테이션를 시작함으로써 참신하고 준비를 많이 했다는 호평을 들었고 결국 합격했습니다. PT 면접 진행 방식은 사전 준비, 발표, 질의 응답 형식입니다. 지원자가 어떻게 문제를 해결해 나가는가를 종합적으로 평가하는데 5분의 짧은 쇼와 같다고 생각합니다.

일반 면접에서도 앞서 말씀드린 PREP, SDS, OREO기법을 활용해도 좋지만, PT 면접이야 말로 무조건 이것들을 활용해야 합니다. 크게 문제 해결형과 주제 설명형의 문제가 주어집니다.

문제 해결형은 명확하게 답이 정해진 것은 아니고, 얼마나 논리적이고 창의적인지를 살펴보려고 하는 것입니다. 주제 설명형은 명확한 정답이 있어 배경 지식이 없다면 답변하기 어려운 형태의 문제들입니다. 전공 지식 중에서도 고난이도의 기술 질문들이 여기서 속합니다.

PT 면접 시에 하는 질문의 다음과 같습니다.

● 당사 영업 마케팅 전략 수립 후 발표
● 전공 요약 발표

- 당사 발전 방향에 대한 발표
- 지원 분야에 대한 자신의 역량 발표
- 기업의 사회적 책임에 대해 발표
- ESG 경영에 대한 발표
- 해외 진출 국가 선정 및 진출 방안 발표
- 환율 하락 또는 상승에 따른 대처 방안 발표
- 당사 신사업 기획안 발표
- 빅데이터 활용 방안 발표

이와 같은 문제를 받으면 사전에 먼저 주제를 분석해야 합니다. 그리고 어떻게 발표할 것인지 적절한 기법을 활용하여 구조화시킵니다. 구조화시킨 틀에 핵심 키워드를 넣어 살을 붙입니다. 이때 구체적인 데이터 준비는 기본입니다. 그다음 눈을 감고 시뮬레이션합니다.

발표할 때는 자신감 있게 합니다. 너무 딱딱하게 굳어 있는 자세나 반대로 현란한 몸짓은 좋지 않습니다. 주어진 시간 안에 발표해야 합니다. 가능하면 말에 강약 또는 중간약을 주어 강조해야 할 곳을 강조해주는 것도 좋습니다. 발표하면서 청중과의 아이컨택도 골고루 해주면 더욱 좋겠지요?

발표만큼 중요한 것이 질의 응답 시간입니다. PT 면접을 진행해 보면 준비 못한 부분에 대한 질문을 받거나 부족한 데이터로 아쉬울 때가 많습니다. 하지만 그런 경우에도 씩씩한 목소리로 "면접 후에 바로 알아보겠습니다." "질문해 주셔서 감사합니다." 등의 태도를 보인다면 정답을 말하지는 못해도 호감 점수는 얻을 수 있을 겁니다.

토론 면접은 질문, 경청, 중재, 요점 정리에 신경을 써서 센스 있게 임하는 것이 좋습니다. 토론 면접을 혼자서 연습하는 것은 한계가 있으므로 취업 캠프에 가서 연습할 것을 추천합니다. 찬반 토론으로 찬성 및 반대 편에 서서 토론해 보기도 하고, 중재자가 되어 보거나, 중재자의 역할을 살펴 보는 것도 중요하기 때문입니다.

토론 면접 시에 주의할 점 몇 가지를 말씀드리겠습니다.

첫 번째, 토론 면접에서는 자기 표현력, 설득력, 조화로움의 정도 등을 보는데, 여기서 말하는 자기 표현력은 표현의 양과 질입니다. 자기 표현의 양이 너무 적어도 좋지 않고 혼자만 말을 많이 해도 좋게 보이지 않습니다. 표현의 측면에서는 자기 주장이 너무 강하고 상대를 이기려고 하는 태도는 금물입니다.

두 번째, 한 주제에 대해 각자의 의견을 자유롭게 말하는 토론 면접이 있는가 하면 찬반 토론으로 진행되는 면접도 있습니다. 이때는 팀 내 앞서 말한 사람에 이어 "이 부분을 부가적으로 설명드리겠습니다." "이런 부분도 있으니 덧붙여 말하겠습니다." 또는 조금 반대되는 의견을 가지고 있더라도 "어떤 부분은 공감합니다만, 이 부분은 이런 부분도 있습니다." 등으로 다양하게 따로, 또 같이 어울리는 모습을 보여주면 좋겠습니다.

세 번째, 우유부단해 보이면 안 됩니다. 정답이 없는 주제라고 하더라도 확실하게 한쪽의 주장을 선택하여 그에 알맞은 자신의 생각을 펼치는 것이 중요합니다. 그렇지 않으면 우유부단해 보이고 업무 능력까지 의심받게 될 것입니다. 토론이 시작되면 서두에 제일 먼저 "저는 어떤 의견을 가지고 있습니다. 왜냐하면….".이라고 밝히고 시작해 보세요.

네 번째, 토론 면접 중에 자신이 말하려는 부분이 확실하지 않거나 자신의 생각이 아닌 옆 사람의 말을 흘려 들었을 때 말끝을 흐리고 기어들어가는 말이 나옵니다. 이것은 면접관에게 소극적인 인상을 주어 좋은 점수를 기대하기가 어렵지요.

다섯 번째, 경청하는 태도입니다. 토론 면접 중에 자신과 다른 의견을 가진 상대를 만나면 일단 끝까지 듣는 자세를 보여야 합니다. 중간에 끊거나 흥분하는 경우는 무조건 감점입니다. 끝까지 듣고 차분하고 논리적으로 조율해 나가는 모습을 보여줄 때 오히려 보너스 점수까지 기대할 수 있을 것입니다.

토론 면접 시에 하는 질문은 다음과 같습니다.

- MZ세대와 기성 세대 간 갈등 해소 방안
- 코로나 시대 우리 기업의 역할에 대해
- 탈원전 찬반 토론
- 당사 업무에 메타버스 활용 방안
- 착한임대인 세액 공제 찬반 토론
- 자동화에 따른 일자리 감소 해결 방안
- 초개인화에 따른 대응 방안
- 재택근무 필요성에 대한 찬반 토론
- 일자리 노마드 현상에 대한 해결 방안
- 한국판 뉴딜 관련 당사 혁신 방안

상황 면접은 다양한 상황에 처했을 때 상황 대처 및 문제 해결 능력을 보여야 합니다. 은행이나 보험회사의 경우 고객 응대 또는 판매 상황이 주어질 수도 있고, 불만 고객 응대와 같이 난이도가 있는 상황을 주고 어떻게 대처하는지 평가해 볼 수도 있습니다. 미리 해당 기업의 고객 불만의 소리나 다양한 상황을 준비하고 가세요.

상황 면접 시에 하는 질문은 다음과 같습니다.

Q. 팀장과 팀원들이 사이가 좋지 않습니다. 팀장은 팀원들이 너무 개인주의적이라고 생각하고, 팀원들은 팀장님이 너무 구시대적이라고 답답해

합니다. 딩신이 새로 입사한 신입 직원이라면 어떻게 하시겠습니까?

답변 예시)

세대 차이나 개인 차이는 어쩔 수 없다고 생각합니다. 환경에 따라 다름을 인정해야 한다고 생각합니다. 하지만 우리가 회사에 근무하는 이유는 공동의 목표를 위해서입니다. 그것을 잊지 않고 공동의 목표를 위해 각자의 자리에서 해야 하고 할 수 있는 최선이 무엇인지 생각하도록 도울 겁니다. 또한 각자의 개성을 존중하는 조직 문화를 만들 수 있도록 기여할 겁니다.

Q. 검표를 하는 직원이 한 고객의 표를 확인합니다. 이 고객은 이번 기차가 아닌 전 기차를 탑승해야 했습니다. 딩신은 어떻게 하실건가요?

답변 예시)

먼저 고객이 잘못된 상황을 인지할 수 있도록 말할 것입니다. "고객님, 이번 기차가 아니라 이전 기차를 타셨어야 했네요. 잘못타셨어요." 이후 고객이 실수한 것인지, 고의로 그렇게 한 것인지에 따라 그에 따른 코레일의 규정을 설명드리고 일을 처리합니다. 마지막으로 조심해서 귀가하시기를 바란다는 마무리 인사를 할 것입니다. 여기서 포인트는 고객과의 마찰이 발생되지 않도록 유의해서 차분하게 일을 처리하는 것입니다.

Q. 우리 회사는 의류 부속품을 판매하는 회사입니다. 이번에 사업 확장을
위해 남미에서 해외 영업을 해야 하는데, 어떻게 타겟을 설정하면 좋
을까요?

답변 예시)

먼저 남미를 생각하면 열정적인 나라와 사람들을 떠올리게 됩니다. 그리
고 축제 의상 또한 화려한 것으로 유명하지요. 제가 이번에 해외 영업직
무로 입사하게 된다면 축제 의상이나 여성들의 속옷을 타겟으로 의류 부
속품 영업을 해 보고 싶습니다.

AI 면접은 한때 다들 어떻게 해야 할지도 모르고 낯설어 애를 먹
었죠. 그런데 요즘은 학교마다 무료로 AI 면접을 연습할 수 있는 도
구를 마련해두어서 이제 큰 걱정은 안 됩니다. 다만 AI 면접은 저도
해 보니 연습만이 살 길이더라고요. 이 게임을 왜 하는지도 모르고
당황하는 모습을 보이곤 했지요. 여러분 무조건 연습 많이 하세요.

AI 면접(AI 역량 검사) 무료 체험 사이트에는 다음과 같은 것들이 있
습니다.

잡다

잡다(JOBDA)는 AI 기반 구인 구직 매칭 플랫폼 사이트입니다. AI

역량 검사를 개발한 마이다스아이티라는 기업의 관계사이기 때문에 AI 면접 관련 유용한 정보가 발빠르게 업데이트되어 활용하기 좋다고 생각합니다.

서울시 AI 면접 체험 역량 검사 프로그램

2022년 3월에 오픈한 서울시 AI 면접 체험 프로그램은 만 15세에서 만 39세 이하 청년들을 대상으로 하고 있습니다. 상세 프로그램으로는 AI 면접 체험, 결과 분석 컨설팅, 특강 등이 있습니다.

경기도일자리재단 잡아바 AI 면접 컨설팅

경기도일자리재단에서 운영하는 사이트로서 실제 역량 검사 및 면접 단계와 동일한 환경을 제공하고 있습니다.

끈질기게 도움을 요청해 온 석사생이 있었습니다. 매일 바쁜 컨설팅 일정에서도 예약을 하지 않고 문의해 오는 그 학생을 틈틈이 컨설팅해 주어야 하는 상황이 사실 힘들었습니다. 하지만 결과적으로는 그 학생이 합격해서 너무 기쁘고 감사했습니다. 자신이 원하는 반도체 공정 연구원으로 일할 수 있게 되었기 때문이지요.

컨설턴트 입장에서는 힘들지만 사실 여러분들의 입장을 생각하면 좀더 끈질지게 물어 보고 디테일하게 면접을 준비하기를 바랍니다. 저 또한 이 학생의 간절함에 감동해서 힘들어도 끝까지 최선을 다할 수 있었습니다.

그렇게 인성 면접, 직무 면접, 외국어 면접, PT 면접을 통과했습니다. 함께 예상 질문을 뽑고 PT 면접을 위해 파워포인트를 준비했던 생각이 납니다. 어떻게 스토리텔링할 것인가? 어떤 콘셉트로 보여주고 어떻게 말하고 무엇을 넣고 뺄 것인가? 나는 다른 지원자와 어떤 차별점이 있고 내 강점은 무엇인가를 끊임없이 말했네요. 힘들었지만 뿌듯합니다.

구글에 검색해 보면 면접 평가표가 다음과 같이 다양하게 나옵니다. 미리 알아보시고 자신이 어떤 부분을 더 준비하고 예상해야 하는지 알아보세요.

면접평가표 예시

성 명		나 이		전 공	
주 소					
병역관계		외국어능력		채용예정부서	

■ 평가사항

요 소	평 점			요 소	평 점		
	상	중	하		상	중	하
1. 지원동기?	5	3	2	8. 표정, 인상이 좋은가?	5	3	2
2. 입사 후 포부?	5	3	2	9. 진지하고 자세가 올바른가?	5	3	2
3. 담당업무에 대한 이해도?	5	3	2	10. 내적 인성과 기품이 있는가?	5	3	2
4. 필요한 면허(자격)취득여부?	5	3	2	11. 외적으로 건강한 모습인가?	5	3	2
5-1 신입직은 직무 경험	20	15	10	12. 사회에 대한 올바른 인식도?	15	10	5
5-2 경력직은 직무 경력	20	15	10	13. 적극적이고 성실한가?	5	3	2
5-3 기사직, 일반직은 기능도	20	15	10	14. 건전한 사고방식이 있는가?	5	3	2
6. 인간관계 및 협업?	5	3	2	15. 판단력과 이해력?	5	3	2
7. 갈등상황 해결 경험?	5	3	2	평점합계	/ 100		

해당부서장 의견	
	부서장 :　　　　　(인)
인사부서장 의견	
	인사부서장 :　　　　　(인)
합격여부	□ 합격　　□ 불합격
종합의견	
평가일자	20 년 월 일　　평가자　　　　　(인)

1. 유진테크에 지원하게 된 동기를 기술하여 주세요.

"반도체 장비 기업의 위상을 드높인"

유진테크에 지원한 동기는 크게 2가지 입니다.

첫째, 유진테크는 국내 반도체 장비 기업의 위상을 높였다고 생각합니다.

둘째, 기존의 LPCVD와 treatment 장비에서 추가로 ALD 장비를 개발함으로써 다양한 증착 장비 제품 다각화 성공으로 LPCVD와 ALD 장비의 수요 증가 추세에 따른 기업 비전을 보았습니다.

기존 삼성에서의 ALD 장비는 주로 일본의 고쿠사이와 도쿄 일렉트론사의 장비들을 수입해 왔습니다. 일본의 수출 규제 사태로 인해 반도체 소재·부품·장비에 대한 국산화의 필요성이 대두되었고, 덕분에 유진테크에게는 기회였다고 생각하는데, 특히 유진테크의 batch 타입 ALD 장비는 수년간 연구 개발을 통해 삼성에 납품하게 되면서 국내 장비 기업의 위상을 높였다고 생각합니다.

저는 cold wall 타입의 CVD를 사용하여 2D MoS2 film을 만드는 연구를 수행한 경험이 있습니다만, 유진테크의 LPCVD의 경우 single 챔버로 증착 방법은 비슷하나 폴리실리콘이나 질화막을 형성하는 목적으로 사용되고 있습니다. 그렇기 때문에 폴리실리콘과 질화막에 대한 추가적인 공부를 진행한다면 실제 관련 연구 개발에 투입되더라도 빠르게 적용할 수 있다고 생각됩니다.

2. 지원 직무를 성공적으로 수행할 수 있다고 생각하는 이유와 이를 위해 어떤 준비를 해 왔는지에 대하여 구체적으로 기술하여 주세요.

"고객사의 입맛에 맞는 것은 기본이고, 제안도 할 수 있는"

제가 공정 개발 직무를 잘 수행할 수 있다고 생각하는 이유는 다음과 같습니다.

첫째, 반도체 공정에 대한 전반적인 지식과 반도체 공정, 특히 증착 공정 및 증착 장비에 대해 실습해 봄으로써 지식과 스킬을 적절하게 갖추었다고 생각하기 때문입니다.

둘째, 유진테크에서 고객사에 판매하고 있는 반도체 장비에 대해 조사했고, 그 장비가 고객사의 니즈에 알맞게 개선·보완될 수 있도록 공정을 개선하는 프로세스를 이해하려고 노력했기 때문입니다.

대학 3. 4학년 때 반도체 공정 전반의 흐름과 원리를 배웠는데, 특히 증착 공정 및 장비에 대한 실습은 석사 과정 동안 한국표준과학연구원에서 CVD를 사용하여 MoS2 증착을 실습함으로써 실질적인 증착 공정과 관련 장비들을 이해할 수 있었습니다. 또한 유진테크의 고객사는 크게 SK하이닉스와 삼성이며, 여기에 plasma treatment LPCVD와 ALD 증착 장비를 주로 납품하고 있는 것을 확인하였습니다. 그중에서도 공정 개발 직무는 고객사의 품질 및 매출 향상에 직결되기 때문에 유진테크의 장비들을 꾸준히 개선하는 것이 중요하다고 생각하고 있습니다.

이에 반도체 공정에 대한 이해를 바탕으로 공정 개선은 물론이고 SK하이닉스와 삼성 등 고객사가 원하는 장비 납품 및 고객사가 말하지 않은 부분도 미리 캐치하여 제안해 볼 수 있는 직원이 되고 싶습니다.

3. 사회 및 교외 활동(동아리, 연수 여행 등) 중 가장 기억에 남는 경험과 그 이유를 구체적으로 작성하여 주세요.

"야구를 통해 배운 것들"

사회인 야구를 하면서 열정과 끈기 그리고 체력이 뒷받침된다면 목표로 하는 무엇이든 이루어 낼 수 있다는 것을 배운 것이 가장 기억에 남습니다.

대학 시절, 야구에 대한 열정을 가진 지인들 약 20명을 모아 야구 동아리를 결성했습니다. 처음에는 가벼운 운동 모임으로 시작했지만 "2년 안에 4부 리그 팀을 만들어보자."는 목표를 세웠고 각자 포지션을 정하여 체계적으로 야구 연습을 시작하였습니다. 저는 순간적인 판단이 빠르고 수비가 가능한 반경이 다른 멤버들보다 넓으며 상대적으로 체력이 좋은 것으로 판단되어 외야수를 담당하게 되었습니다. 연습할 때 힘이 실린 타구를 처음 잡다 보니 손가락이 부어올라 주사를 맞을 정도로 심하게 다친 적도 있었지만, 그럴수록 오기가 생겨 더 열심히 연습하게 되었습니다. 야구 스킬들과 전략을 배우기 위해 유튜브와 야구 교재를 찾아보며, 단체로 야구 교실에 찾아가 야구의 기본 스킬들을 배우는 등 노력하였습니다. 그리하여 기량 또한 나날이 빠르게 향상되어 2년 뒤 꿈에 그리던 4부 리그 팀에 들어갈 수 있었습니다.

이처럼 야구를 통해 몸에 익힌 열정과 체력 그리고 끈기를 발판 삼아 향후 공정 개발 직무에서 난제에 부딪혔을 때에도 포기하지 않고 끈질기게 연구를 수행하여 목표를 이루는 직원이 될 것입니다.

4. 본인 성격의 장점과 단점을 지원 분야와 연관지어 각각 기술하세요.

"해시태그로 말씀드리자면"

제 성격의 장점을 해시태그로 말씀드리자면 #사고력, #탐구력, #지식습득이라고 생각합니다. 저는 어려서부터 깊이 사고하는 것을 좋아해 체스 및 바둑을 즐겨 했습니다. 이런 취미 생활을 통해 앞선 수들을 예상하고 상대방의 의도를 파악하는 부분이 발달되어 있습니다. 그리고 저는 다양한 현상이나 상황들에 대해 저만의 가설을 만들어 보고자 했습니다. 이휘소 박사님을 존경하면서 본질에 대해 탐구하고 여러 난제들을 고민해 보는 것이 즐거웠습니다. 특히 새로운 지식을 습득하는 일은 저에게 즐거움입니다. 쉽고 어려고를 떠나 지식을 쌓는 즐거움 때문에 전공 분야 공부도 수월하게 해낼 수 있었습니다.

반면 단점은 수줍음이 있어 사람들과 편해지는데 시간이 조금 걸린다라는 건데, 그렇다고 해서 자신이 꼭 해야 할 말을 하지 못한다거나 뒤로

숨는 일은 없습니다. 하지만 이 부분도 개선하기 위해 석사 생활 중 연구실에 새로 들어 오는 선·후배가 있으면 먼저 말을 걸거나 휴일에 함께 산행이나 운동을 하는 등 보기보다 적극적이고 활동적이라는 말을 자주 듣습니다.

"선생님이 대신 면접에 들어가 주시면 좋겠어요."

때로는 이렇게 표현하는 학생들이 있습니다. 제 마음도 가능하다면 그렇게 해 드리고 싶습니다. 물가에 아이를 내어 놓은 엄마의 마음처럼 저 또한 여러분이 면접에 임할 때의 마음과 스트레스를 느낍니다.

사실 이 책을 이 부분까지 읽고 계신 분이라면 이미 취업에 성공할 가능성이 높다고 생각합니다. 왜냐하면 지금까지 컨설팅해 오면서 7단계까지 못하고 중간에 나가 떨어지는 학생을 많이 보았기 때문입니다.

처음 취업 준비 프로세스 7단계에 대해 들었을 때는 "자기 이해 상담부터 받아 볼래요."라고 호기롭게 시작합니다. 하지만 아무리 제가 가이딩을 하고 툴을 제공하더라도 스스로 노력해야 하는 부분이 있습니다. 그래서 어느 정도 컨설팅을 받아 보고 '이제 나 스스로 해도 되겠는데'라는 생각이 드는지 저를 찾아오는 횟수가 줄어듭니다. 그렇게 수개월 후 다시 와서는 큰일났다는 식이지요.

여러분은 그러지 않았으면 좋겠습니다. 물론 책을 통해 저를 만나는 것이지만, 꼭 7단계를 거쳐 보시길 바랍니다. '아는 만큼 보인다.'는 말이 있지요? 여러분이 취업 준비에 대해 아는 만큼 다른 컨설턴트에게 가더라도 이 컨설턴트가 잘하는지 못하는지 지금 어느 단계를 말하는지 알아 들을 수 있습니다. 그리고 오히려 이렇게 컨설팅해 주실 수 있느냐고 부탁해 볼 수도 있습니다.

취업 컨설팅 후기

권 용 섭 (한국로봇융합연구원, 선임연구원)

안녕하십니까? 저는 현재 한국로봇융합연구원에서 선임연구원으로 재직 중인 권용섭이라고 합니다. 설래 쌤을 만난 건 처음 직장 (현대중공업 연구소)을 구할 때였습니다. 석사 과정을 마치고 난 후 그당시 다수의 기업을 지원하고 인·적성 시험에서 떨어지기를 반복하던 때였습니다. 설래 쌤을 통하여 자소서에 필요한 내용과 저 자신을 어필할 수 있는 부분이 무엇인지, 그리고 기업별 핵심적으로 어떠한 포커스를 맞추어 준비해야 되는지에 대해 많은 조언과 도움을 받았습니다.

일반적인 취업 컨설턴트에게 취업 준비에 관한 도움을 받았을 때는 자소서 첨삭 정도만 지원받는 것이 전부였습니다. 그러나 설래 쌤은 우선 제가 현재까지 어떠한 생활을 했고, 어떠한 장점이 있는

지부터 궁금해 하시고, 단순 자소서나 면접 준비가 아닌 상담해 주는 사람 자체에 대해 우선 알려고 노력하신 부분이 인상적이었습니다. 당연히 나에 대해 이해를 하신 다음 나온 자소서 준비, 면접 준비 등이 이루어지다 보니 자소서를 기반한 면접을 볼 때에도 나 자신에 대한 내용이 충분히 담긴 내용들이 기반이 되어 보다 편하게 면접을 볼 수 있었으며, 제 자신을 잘 어필할 수 있었습니다. 설래 쌤을 통해서 얻은 취업 준비의 내용으로 저는 아직도 지속적으로 제 미래에 도움이 될 수 있는 새로운 직장을 준비하기도 합니다.

많은 분들이 이 책을 통하여 제가 받은 도움을 함께 받으시어 자기의 꿈을 이룰 수 있는 직장에 취직하시기를 기원합니다.

류 종 원 (반도체기업, 연구개발직)

대학교를 졸업하자마자 처음으로 취업과 맞닥뜨렸을 때는 어떻게 준비하고 시작해 나가야 될지 막막했습니다. 첫 취업문을 두드리기 위해 처음에는 혼자서 자소서를 쓰면서 준비를 했습니다. 첫 취업 원서를 썼을 때 자소서 질문의 진짜 목적이 무엇인지 제대로 파악하지도 못하였기에 그때 쓴 자소서를 보면 아직도 부끄럽기 그지없습니다. 물론 결과는 예상한 대로 불합격이었습니다.

　이때 지인들이 대학교를 졸업했으면 대학교 내의 취업지원센터로 가 보라고 조언을 해 주어 저는 반신반의하며 취업 상담을 신청하고 다음 날 찾아갔습니다. 이 날 설래 쌤을 처음 만나게 되었습니다.

　처음에는 당연하게도 전공·학점 등 취업과 관련된 문답을 통하여 제가 인지하지 못했던 장단점과 나 자신이 어떤 사람인지를 알게 되었습니다. 그 과정에서 내가 정말로 가고자 하는 진로가 어떤 것이었는지 되돌아보며 취업에 대한 마음가짐을 바르게 할 수 있었습니다. 이후 설래 쌤은 만날 때마다 자소서와 면접 등 취업에 도움이 되는 정보와 올바른 취업 준비 방법을 알려주셔서 믿고 따라가며 열심히 취업 준비를 했습니다.

　당시 막연했던 취업에 대한 두려움은 점차 자신감으로 바뀌어 갔고, 점점 나의 앞날에 대한 빛이 보이는 것이 느껴졌습니다. 그리고 얼마 지나지 않아 가고 싶어했던 반도체 회사에서 갑자기 낸 모집 공고를 보고 지원했었습니다. 자소서와 면접을 준비할 때 설래 쌤은 상담 시간 이후 주말에나 퇴근 시간 이후에도 자소서 작성과 면접 준비에 많은 도움을 주셨습니다.

　제가 잘못 준비하고 있거나 잘못 알고 있던 부분들을 정확히 짚어 주시고, 그에 대한 명쾌한 해답을 주셔서 짧은 시간에도 정말 알차게 준비할 수 있었습니다. 자소서는 당연히 합격이었고 첫 면접이었지만 설래 쌤이 알려 주신 대로 준비하니 면접에도 합격하여 저는 반도체 관련 회사에서도 원하는 연구 개발을 하며 행복하게 지내고 있습니다.

최종 합격 소식을 설래 쌤께 말씀드리니 선생님 본인이 합격하신 것처럼 기뻐해 주셔서 정말 감사했습니다. 취업 준비를 하면서 느낀 것 중 하나는 설래 쌤은 꼭 필요한 자료를 찾는 방법, 전체적인 흐름으로 취업 준비의 방향, 그리고 면접을 준비할 때 스스로 생각치 못한 나의 약점을 캐치하고, 그것에 대해 준비할 수 있도록 도움을 주셨다는 점입니다. 설래 쌤이 알려주는 대로 잘 따라 간다면 어느 누구라도 원하는 회사에 취직하는 건 문제 없을 거라 봅니다.

이렇게 글을 쓰며 취업 준비 생활을 되새겨 보니 설래 쌤은 취업난인 이 시대의 나이팅게일이 아닐까 합니다. 끝으로 취업에 도움을 주신 설래 쌤께 다시 한 번 감사 인사를 드립니다.

오 현 주 (경북대학교, 통계학석사)

안녕하세요! 저는 경북대학교 통계학과 석사과정 오현주입니다. 이렇게 제 소개를 드릴 때마다 설래 선생님과 함께 고민하고 용기내던 때가 생각이 납니다. 작년까지만 해도 저는 졸업 후를 마냥 걱정만 하는 평범한 경제학 전공 학부생이었습니다. 전공에 흥미가 없다는 핑계로 친구들과 진로 얘기를 할 때면 무의식적으로 피하기만 했어요. 답답한 마음을 기대기라도 해 보자는 심정으로 상담 신청을 드린 것이 설래 선생님과의 첫 만남이었습니다.

큰 기대도 없이 시작한 첫 상담인데, 몇 달 만에 제 마음가짐을 이렇게 바꾸어 놓을지 몰랐어요. 저는 스스로 솔직했던 적이 없었다고 생각했는데, 설래 선생님과 이야기를 하면서 저도 몰랐던 제 모습·제 생각들을 많이 꺼냈습니다. 옆에서 격려해 주시는 덕분에 자신감도 생기고, 결국 감히(?)라고 생각했던 대학원 상향 지원에도 성공했습니다. 타 대학·타 전공은 무모한 도전이라는 말도 많이 듣고 석사과정은 힘들지만 저는 선생님과 함께 집중하던 순간들을 떠올리며 이겨내고 있습니다.

예전에는 미래에 대한 제 모습에 항상 불안함만 가득했는데, 지금은 그 불안함도 저의 미래를 위한 과정 중 하나라고 생각하게 되었습니다. 설래 선생님을 만나 취업에 성공하신 분들도 많지만, 저는 어쩌면 취업보다 더 값진 의미일지도 모르는 '나를 알고 믿기'에 성공하게 된 것 같아요.

이 짧은 글에 감사함을 모두 담을 수 없지만, 설래 선생님과의 소중했던 기회를 기억하며 저는 앞으로 계속 나아가겠습니다. 설래 선생님의 도서 출간을 진심으로 축하드립니다.

백 가 영 (대구교통공사, 건축직)

3학년 1학기 때 공기업 취업이라는 목표는 있었지만, 목표를 이루기 위한 준비가 막막해서 조언을 구하려고 상담 요청을 했습니다. 저는 혼자 공부하는 것은 잘할 수 있었지만, 인턴이나 면접관 같은 사람을 만나는 일이 어려웠습니다.

선생님께 상담을 받고 난 후에는 인턴에 도전하고, 면접을 준비하는 데 부담이 줄었습니다. 그 덕분에 인턴 자소서를 쓰기 시작하고, 면접에 합격하였습니다. 그 경험이 공기업 취업에 큰 도움이 되었습니다. 자소서와 면접 등을 준비하는 방법을 알려주셔서 취업을 어려워하지 않고, 자신감 있게 준비할 수 있었습니다.

선생님은 자소서, 면접, 목표를 위해 준비해야 하는 것들에 도전할 수 있도록 차분히 말씀해 주시고 용기를 주십니다. 막막하다면 털어놓고 이야기해 보실 것을 추천합니다. 혼자 해나갈 수 있도록 힘이 되어 주십니다.

저는 선생님께 인턴부터 취업까지 자소서, 면접 등 도움을 받은 덕분에 대구교통공사 건축부 사원으로 근무 중입니다.

권 구 환 (워커힐 파라다이스 카지노, 회계팀)

중국 유학을 끝내고 귀국 후 취업에 관한 정보가 전혀 없어 난감했을 때 당시 지인의 소개로 알게 된 설래 쌤에게 많은 도움을 받았고 취업에 성공했습니다. 단순히 직장을 구하기보다 취업 준비 전 나의 성향을 먼저 파악하게 해 주시고, 이를 통해 나에게 어울리는 직종을 먼저 파악하게 해 주시니, 내가 어떤 일을 해야 할지 확실히 알게 되었고, 나에 대해 먼저 이해하게 되니 자소서를 쓰는 데 많은 도움이 되었습니다.

10년 전 저는 설래 쌤의 도움을 통해 중국에 유학했던 경험을 바탕으로 파라다이스 카지노에 취업했고, 지금 10년차 대리로 제 직장에 만족하며 재직 중입니다.

지금 취업 준비하고 계신 분들은 설래 쌤에게 먼저 상담해 보시면 인생의 가장 큰 결정이 될 수 있는 첫 직장을 고르시는 데 많은 도움이 될 것이라고 확신합니다.

곽 현 섭 (금속 관련 중견기업, 품질관리직)

자기 소개서에 쓸 내용은 많았으나 나를 빛나게 만들어줄 수 있는 핵심을 공략하는 게 어려웠습니다. 설래 선생님이 멘토링해 주신 덕분에 갈피를 잡고 체계적인 자기 소개서를 작성할 수 있었습니다.

설래 쌤을 만나기 전에는 면접 연습이 전혀 되어 있지 않았습니다. 짧은 시간 안에 회사가 나를 뽑아야 하는 이유를 설득해야 했지만, 설득력 있게 말을 하지 못하였습니다. 하지만 설래 쌤과의 컨설팅을 통해 정해진 시간 안에 저의 장단점을 임팩트 있게 말할 수 있게 되었고, 회사가 필요로 하는 인재로 다가갈 수 있게 된 것 같습니다.

취업 준비에 많은 노력을 할애하지는 않았다고 생각하지만, 사소한 활동이라도 뜻깊고 소중한 경험으로 살려 주시는 귀중한 역할을 해 주셨습니다.

이 유 진 (영남대학교 총동창회, 사무행정직)

처음 선생님을 만나게 된 건 2학년 2학기, 학교에서 강제로 시키는 진로 상담 때문이었습니다. 저 또한 여느 학생과 다를 것 없이 의무적으로 상담을 하러 갔었습니다. 그곳에서 만난 선생님께서는 문과의 성향으로 공대에서 힘들게 버티고 있던 저에게 큰 힘이 되어주셨습니다. 저의 성격과 맞는 직업 추천은 물론이고, 어떤 식으로 준비를 해나가야 할지 자세히 알려주셨습니다. 덕분에 저는 상담을 받지 않은 학생들보다 수월하게 미래를 준비할 수 있었습니다. 그리고 4학년 2학기, 취업의 문턱에서 운명처럼 또 선생님을 만났습니다.

학교에서 지원하는 취업 사이트인 '어울림'에서 청년취업지원제도를 보고 신청을 위해 학교를 방문했을 때 바로 옆자리에서 선생님을 만날 수 있었습니다. 나름대로 준비한 것들은 있었지만 부족한 부분과 잘 해낼 수 있을지에 대한 불안감이 있었기에 취업 상담 신청을 하려던 중이었는데, 마침 저를 아는 선생님을 만나서 기뻤습니다. 그리고 제가 지금껏 준비한 것들, 원하는 취업의 방향, 자소서 첨삭, 심지어는 남자친구와의 고민까지도 들어주셨습니다. 저에게 선생님은 정신적인 지지자이자 앞길을 환하게 밝혀주는 등대였습니다.

졸업을 앞둔 어느 날 학교에서 학생을 뽑는다는 연락이 왔었습니다. 영남대학교 총동창회에서 말이죠. 선생님께서 저에게 의사를 물어왔습니다. 선생님께 상담받은 여러 학생들이 있을 텐데 그중에서도 저에게 연락해 주신 것이 정말 감사했고, 또 좋은 기회라 생각하여 지원하였습니다. 그리고 저는 영남대학교 총동창회에서 인턴 기간을 마치고 정식 직원이 되었습니다. 흔히 말하는 공기업, 대기업 같은 멋진 직장은 아니지만 같이 일하는 직원 분들이 모두 학교 선배님들이고, 경쟁이 없는 일반적인 기업이 아니다 보니 편안한 분위기였습니다. 첫 사회 생활을 이곳에서 하게 되었다는 게 다행이고, 추천해 주신 선생님께도 감사합니다.

박 언 지 (영남대학교 의생명공학과, 대학생)

학교에서 1학년 1학기 교양필수 강의였던 '대학생활설계'에서 저의 담당 컨설턴트로 설래 쌤을 처음 뵙게 되었습니다. 그저 형식에 맞추어 필수로 해야 했던 상담이었음에도 불구하고 제가 낸 과제를 정성껏 피드백해 주셨고, 제가 낸 과제를 토대로 대회를 나가게 되어 선생님과 많이 콘택트했습니다. 그러면서 저의 진로에 대한 고민을 많이 털어놓았고, 그 학기가 끝나고서도 선생님은 3년간 저의 멘토가 되어 주셨습니다.

저는 '다른 사람들에게 도움이 되는 사람'이 되고 싶었습니다. 그 목표가 제 삶의 전부인 것처럼 합리화했습니다. 물론 지금도 그 생각은 변함이 없지만, 저는 그러고 싶은 이유까지는 스스로 제대로 알지 못한 채 그저 그렇게 살았습니다. 끊임없이 번아웃이 왔고, 실패와 만족하지 못함에 무너졌습니다.

그런 저에게 "언지 님의 인생이잖아요."라고 매번 상담 때마다 집어주시는 그 말이 제 맘속에 깊이 박혔습니다. '타인 중심'이었던

제 삶이 그때부터 '나 중심'의 인생을 그려가게 되었습니다. 선생님
께서는 다른 사람들에게 도움이 되는 사람이 되고 싶은 것도 '나의
행복' 때문이라는 사실을 알려주셨습니다. 선생님과 만나 '나'라는
사람이 어떤 사람인지 알게 되었고, 장점은 더 강하게, 단점을 장점
으로 바꿔 생각하는 힘을 가지게 되었습니다.

상담자가 생각하지 못했던 장점을 발견해 주시고, 단점이라고
생각했던 것을 장점으로 만들어가기 위해 함께 고민해 주시는 점,
진로 문제로 고민할 때 뭐가 가장 큰 문제인지, 어떤 본질적인 이유
가 잡혀야 하는지를 정확하게 아시는 분, 그래서 그 문제에 대해 끊
임없이 질문하고, 또 질문하고, 결국 스스로 답을 찾을 수 있도록 길
잡이 역할을 해 주시는 점이 너무도 좋았습니다.

저는 지금 영남대학교 의생명공학과에서 3학년으로 재학 중인
학생입니다. 졸업을 1년 앞두고 어떻게 하면 더 '나'답게, 후회하지
않고, 차근히 쌓아갈 수 있을지 생각하며 자격증도 취득하고, 대외
활동도 하고, 학부 공부도 성실히 하며 살아가고 있습니다.

김 민 수(삼성SDI, SW엔지니어)

취업 준비가 막연했던 대학생 시절 설래 쌤을 만난 덕분에 자신

의 상태를 점검하고, 목표하는 직무를 위해 무엇을 준비해야 할지 구체적으로 계획할 수 있었습니다.

밤늦은 시간은 물론이고, 주말이라도 기꺼이 희생해서 도와주시던 설래 쌤 덕분에 경쟁이 치열하던 코로나19 시기에도 취업의 관문을 넘을 수 있었습니다.

상담받는 학생의 이야기 속에서 설래 쌤만의 통찰력으로 강점을 찾아주시고, 강점을 바탕으로 가장 적합한 취업 준비 전략 방향을 세워주셨습니다.

백다니엘 *(전자기기 중견기업, 중남미 해외영업직)*

저는 이력서를 넣는 족족 서류 심사에서 탈락하였습니다. 저의 주관적인 생각일 수 있지만, '스펙이 나쁘지 않은 것 같은데 왜 계속 서탈(서류 탈락)이지?'라고 고민하면서 이력서와 자기 소개서를 아무리 읽어보아도 답을 찾을 수가 없었습니다.

그러다가 어느 날 청년몽땅 사이트를 통해 서울시 일자리청년지원센터에서 이력서와 자소서 컨설팅을 무료로 지원한다는 광고를 보게 되어 바로 청년지원센터로 발걸음을 향하게 되었습니다. 그 곳에서 설래 쌤을 추천받았습니다. 처음 상담받자마다 '아, 이 분이다'

하는 느낌이 강하게 들었습니다. 왜냐고요? 첫 상담에 대화를 많이 나누지 않았는 데도 벌써부터 설래 쌤의 조리 있는 말씀 하나하나가 제 귀를 통해 가슴에 팍팍 꽂히더라구요. 설래 쌤이 앞으로의 진행 사항을 자세히 설명해 주시는데 제 머릿속에는 '아, 이 분처럼 말을 조리 있고 이쁘게 하고 싶다'는 생각뿐이었습니다. 설래 쌤은 제 이력서와 자소서를 보시고 '청년몽땅'처럼 말 그대로 '몽땅 바꾸어야 할 것 같다'고 말씀하셨습니다. 저와 설래 쌤의 모험은 그렇게 시작되었습니다.

저를 돌아보는 시간을 갖고 자소서에 추가할 만한 경험과 희망 직무와 연결된 자신이 살아온 이야기, 크고 작은 사건 사고부터 하나하나 꼼꼼히 이야기를 들어 주시며 함께 글을 써내려갔습니다.

설래 쌤의 커다란 노하우는 설래 쌤에 의지하기보다 저 자신에게 먼저 의지하고 글을 조리 있게 잘 써내려가게끔 옆에서 도와주는 것입니다. 설래 쌤이 쓴 자소서가 아닌, 설래 쌤의 도움으로 내 자신이 글을 써 내려감으로써 나만의 스토리텔링이 담긴 완벽한 자소서와 예상 면접 질의 응답 스크립트가 완성되었습니다. 이는 면접 시 아주 큰 시너지를 발휘하는 것을 몸소 체험했습니다.

첫째, 면접 질문에 막힘없이 대답할 수 있었습니다. 저의 경험상 외워서 면접에 임하면 긴장으로 인해 기억이 떠오르지 않아 말을 더듬을 때가 많았습니다. 하지만 설래 쌤의 도움으로 작성한 자소서는 그동안의 작성 과정에서 이미 저의 머리에 있던 기억들을 끄집어내는 역할을 수없이 시도했기 때문에 면접관이 질문하면 바로바로 대답이 나왔습니다.

둘째, 아직 쌤처럼은 아니지만, 면접관이 질문하면 나름 조리 있게 말하게 되었습니다. 이는 상대방(면접관)이 듣기에도 기분 좋을 뿐만 아니라 제가 성장했다는 사실에 아주 뿌듯한 경험이었습니다.

셋째, 자소서는 물론 희망 직무별, 기업 제품별 면접 예상 질문에 대비할 수 있도록 준비시켜 주십니다.

넷째, 반복되는 면접 탈락으로 인해 멘탈이 지칠 때 위로의 상담으로 힘을 주시어 다시금 정신을 차리고 일어설 수 있도록 해 주셨습니다. 위로받던 상담이 아직도 기억에 남네요. 너무 감사했습니다.

취준생 여러분!

저는 30대 중반 늦은 나이에 취업에 성공했습니다. 취업 준비가 육체적으로나 정신적으로나 얼마나 고통스러운지 아주 잘 알고 있습니다. 고리타분한(혹은 진부한) 얘기지만 희망을 잃지 않으면 반드시 되더라고요. 정말이에요. 노력하면 됩니다. 설래 쌤처럼 훌륭한 선생님에게 지도를 받든, 다른 사람에게 도움을 요청하든 포기하지 않고 계속 시도하면 언젠가는 됩니다.

글 솜씨는 말해 뭐해! 다만 제가 설래 쌤을 가장 추천하는 이유는 함께 성장할 수 있도록 지도하는 점입니다. 다른 사람이 아닌 내가 작성한 글의 주인공이 되어, 면접 때 기억해 내는 것이 아닌 면접관이 듣기 좋게 대답이 술술 나오면서 내 스토리텔링을 하는 것, 설레쌤의 노하우로 지도받으세요!

에/필/로/그

만약 "너는 그림을 그릴 능력이 없어."라는 내면의 목소리가 들린다면 그때는 반드시 그림을 그려라. 그러면 그 목소리는 잠잠해 질 것이다.

If you hear a voice within you say 'you can not paint,' then by all means paint, and that voice will be silenced.

빈센트 반 <u>고흐</u> *(Vincent van gogh)*

　살아 있을 당시 고흐는 화가로서 실패했습니다. 생전 단 한 작품만이 판매됐는데, 1890년에 〈아를의 붉은 포도밭〉을 안나 보흐라는 인물이 400프랑에 구입했다고 합니다.

　평론가가 전시회에서 고흐의 그림을 보고 평론한 글이 하나 남아 있습니다.

"반 고흐는 색의 명암이나 색조의 정확성에 그리 연연하지 않고 붓을 격렬하게 놀려서 거대한 풍경을 그렸다. 양탄자를 향해 얼룩덜룩한 책더미가 놓여 있다. 연구에는 괜찮을 법한 모티프이지만 회화의 소재로

는 적합치 않다."*(귀스타브 칸, 1888년)*

출처를 확인할 수 없이 전해지는 이야기가 많습니다. 고물상에게 그림을 팔았는데 고물상이 물감을 긁어내고 중고 캔버스로 팔았다는 이야기, 파리의 카페 뒤 탕부랭에서 경매로 그림을 팔 때 그림 10장 가격이 50상팀*(커피 두 잔 가격)*이었다는 이야기, 뉘마 크로앵 영감에게 돈을 빌렸다가 갚을 수 없자 대신 그림을 수레에 실어서 여러 장 보냈는데 그냥 돈 받은 셈 치겠다 하고 그림은 돌려보낸 이야기 등입니다.

심지어 고흐를 치료했던 의사 펠릭스 레이는 고흐의 그림 딱 하나만 성의로 받고 다른 그림은 항상 거절했다고 합니다.

그런데 고흐를 재평가한 내용을 찾아보면 아시겠지만 일반적인 생각에 고흐가 인정받기까지 몇십 년은 걸렸을 것 같은데, 사후에 생각보다 빨리 인정받은 편이라고 합니다. 사후 15년 쯤 후엔 현재까지 손꼽히는 미술계의 거장이 되었습니다.

이 책을 쓸 때 '막연하게 쓰고 싶다. 많은 이들에게 알리고 싶다. 기여하고 싶다.'는 단순한 생각으로 시작했습니다. 글을 잘 쓰는 것도 아니고 잘 쓸 자신도 없었습니다.

하지만 고흐의 이 말이 저를 움직이게 하였습니다. '책을 써봐야 잠잠해진다.' 그렇게 윤지연 코치님과 레오짱 대표님의 도움을 받아 여기까지 오게 되었습니다. 이 자리를 빌어 다시 한 번 감사의 인사를 드립니다.

여러분도

'내가 취업할 수 있을까?'

'100만 원이라도 벌 수 있을까?'

'누가 나에게 일을 시켜줄까?'

라는 생각이 드신다면 고흐처럼 또 저처럼 해 보세요. 어느새 자연스럽게 일하고 있는 여러분을 발견하실 수 있을 겁니다.

여러분의 '나답게 행복하게'를 기원하며

저자 우설래 씀